JN121212

名古屋市立大学人間文化研究叢書 10

ドイツの学力調査と授業のクオリティマネジメント

―　格差是正のフィードバックシステムの解明　―

原田 信之 著

風間書房

はじめに

本書『ドイツの学力調査と授業のクオリティマネジメント』は、ドイツ連邦共和国（以下、ドイツと略す）を研究の対象国として、21世紀に入ってから進められてきた教育の質保証システムの構築と学力格差の分析・改善のための調査との連動関係に焦点を当てて解明しようとする意図を有する。

マクロな視点では国内外の学力・学習状況調査における質保証のメカニズムを、ミクロな視点では学校や授業の質保証のメカニズムを、さらには家庭の社会経済文化的背景を視野に入れた児童生徒の学力と教師の力量（授業開発力・学校開発力）の双方の分析・改善のための総合的な質保証のメカニズムを総称して「クオリティマネジメント」と本研究では称している。これらの連動的なメカニズムの解明は、きまってランキングに目が奪われがちな学力・学習状況調査を直接の対象としつつも、人的資本論（human capital）に基づき、未来社会を担う人材の学力（能力）向上を至上命題にするのではなく、社会に埋もれがちな格差問題にメスを入れる社会的公正（soziale Gerechtigkeit）の浸透やフェアな教員評価といった、トータルなクオリティ向上への承認の輪を広げることを意図している。

研究対象国としてのドイツは16州（旧西ドイツ地域11州、旧東ドイツ地域５州）からなる連邦制国家である。地方分権制度をとるドイツにおいて、学習指導要領は各州で定められているし、教育政策の展開も同一ではない。連邦全体の教育政策を決定する必要がある場合には、全会一致を原則とする各州文部大臣常設会議（Die Ständige Konferenz der Kultusminister der Länder in der Bundesrepublik Deutschland、以下、KMK と略す）の決議や勧告などの協定を通して進められる。このことは同時に、連邦制国家の場合、「ドイツ」という総称で一般化することに、それはとりわけ文教政策において研究上の困難が伴うことを意味する。そのため、学力政策と質保証に関し、このKMKの決議等に基づく展開を基本ラインとして、州におけるその展開の具体を取り上げながら主題に迫ることとする。

本研究のテーマを構想した背景には以下の3つのモティーフが内在していた。第一に、2000年にOECD（経済協力開発機構）加盟国で実施されたPISA調査（国際学力調査）において、学力調査参加国30か国中、読解力、数学リテラシー、科学リテラシーのいずれにおいてもランキングにおいて20位程度という散々な結果に終わったドイツであったが、その後の経年変化において飛躍を見せたことである。

第二には、学力ランキングの上昇よりも教授・学習のクオリティ向上、すなわち「量より質」の改善である。学習内容や授業時数等の量的拡大でなく、教え方や学び方の質的向上の方向性がいち早く示され、取り組まれたことである。この点では、連邦制国家におけるナショナル教育スタンダードとコンピテンシー志向の授業づくり（kompetenzorientierter Unterricht）、アクティブラーニング（aktivierendes Lernen）等が典型的といえよう。

第三に、学力の向上は、児童生徒の学力を引き上げるだけの問題ではないということである。そこには教師の力量（授業開発力や学校開発力）や学習環境の問題、家庭の社会経済文化的背景の問題も介在している。学習者の個別学力状況や個別学習状況、個別家庭状況や言語使用状況などを含め、多様な角度から診断（Diagnose）ツールが開発され、これらが一体となって学力格差の分析・改善のための学力・学習状況調査として機能していることである。学習障がい、移民背景（学習言語習得状況）、社会経済文化的格差、子どもたちを取り巻く環境の多様化、個別最適化に対応するための診断機能の強化に取り組まれてきたことである。学力向上への取り組みは、得点を向上させるためのシステムづくりではない。特別な支援を必要とする子どもという場合、日本では、障がいや家族背景等、ハンディキャップをもつ子どもにスポットが当たる傾向にあるが、超優秀児（それ故の生きにくさ）にも特別な支援が必要だと考えるのが、ドイツの社会的公正の考え方である。児童生徒一人ひとりへの個別指導・個別支援には、多様な状況を映しだす診断ツールの開発が欠かせないのである。これまで取り組んできた筆者の先行研究はこれら３つのモティーフをもっていたことから、そのモティーフをベースにして本研究の副題は、「格差是正のフィードバックシステムの解明」とした。

日本では10数年前の政権交代時に、全国学力・学習状況調査をめぐり、悉皆テストにする必要があるのか、学力の状況の把握を目的にするだけなら、一定のサンプル数の適正な確保に努めれば抽出テストで十分であるなどの議論が巻き起こった。この点でいえば、わが国の全国学力・学習状況調査の実施目的は何か。その実施目的に照らして、実施期日や結果のフィードバックまでに要する期間は適切か。実施目的に照らしたフィードバックデータを生かす仕組みは機能しているのか、そもそも改善サポートシステムはつくられているのか。学力水準の経年変化の把握も軽視できないが、それよりも社会的公正の実現や格差問題の解消といった、高次の市民社会の実現のためにこの全国学力・学習状況調査をどのように位置づけ、意義を見いだそうとしているのだろうか。

当然のことながら、国により政治状況や社会制度、学校文化の違いがあり、異なる国の仕組みがそのまま他国に適用できるとは限らない。このことは論を俟たないとしても、日本の学力・学習状況調査の議論と多様な能力の育成やフェアな評価を重視するドイツの学力・学習状況調査の仕組み・機能を重ね合わせた時に、学力・学習状況調査とクオリティマネジメントの関係性を解明することの意義は大きい。

本書の第２部では、２つの州のカリキュラムを取り上げ、就学前から家庭の社会経済文化的背景の影響を受けやすいとされる非認知能力の育成について、認知能力と一体化させて育成する構想に焦点化することで、ドイツの学力形成の現状を把握することに努めた。

カリキュラムは教育活動の計画であり、授業者が意図せずして子どもたちに習得させてしまうものを包摂する概念でもある。計画通りに授業が進められたとしても、子どもたち全員が同じように学ぶことはない。意図してそうすることはなくても、一人ひとりに個人差が生じるのは必然のことである。また、教師の評価が子どもの実態のズレを活かしてこそ、カリキュラム・マネジメントの改善活動は充実すると説かれる。

就学前から形成されるハンディキャップを学校カリキュラムと学校教育実践で補おうとしても、そのインプットがどれだけの効果をもたらしているのだろうか。このインプットに対しエビデンスデータをフィードバックし、自身の教育実践の省察を促し、改善行為により授業と学校のクオリティを高めていく可能性を探究することが本書の課題である。

これらは「汝が及ぼした影響を知りたまえ」（J. ハッティ）の教訓を前に、全国学力・学習状況調査が学力格差の分析・改善のための調査へとリニューアルされるのに、本書がその一石となれば幸いである。

目　次

［第2部］

認知能力と非認知能力（コンピテンシー）を育成するカリキュラム

［第１部］

ドイツの学力調査と授業のクオリティマネジメント

―学力格差を分析・改善するためのフィードバックシステムの解明―

第1章　エビデンス志向へとシフトした教育改革
—学力・学習状況調査とクオリティマネジメント—

第1節　国際学力調査とインプット・アウトカム型モデル

本章では、ドイツにおいて質保証（クオリティマネジメント）がいつごろから教育改革の主流を占めるようになったのか、この教育改革を実行するのに有力なエビデンスデータを提供する学力・学習状況調査を導入した背景と意図は何かについて、国際学力調査（TIMSS 調査・PISA 調査）や国内外の政策動向と重ね合わせて述べることとする。

ドイツでは、1990年代半ばと2000年に実施された２つの国際学力調査の結果を受けて、教育政策を大転換する必要に迫られた。その背景には、ドイツにおいて、諸外国で先進的に導入されていたニューパブリック・マネジメント（NPM）のドイツ版「新制御モデル（Neues Steuerungsmodell）」を開発し、この開発されたモデルに基づく自治体レベルでの行政改革が1993年ごろからすでに始まっていたことが挙げられる1)。これは「行政のスリム化」から「国家の活性化」へ、さらには「国家と行政の近代化」への方針転換を意味していたのであり、ここからインプット・アウトカム型の評価・管理手法が浸透していった2)。２つの国際学力調査は、異なる時点間の学力の比較を可能にする項目反応理論3)に基づく質の高いエビデンスデータを調査対象国に提供する。加盟国間の学力状況の比較もさることながら、学力の経年的推移のモニタリングが可能になったことで、ドイツにおける学力政策の転換点になったと位置づけることができる。

国際学力調査がドイツにもたらした影響の一つめは、1995年に実施された理科と数学の基礎的知識の定着水準を測定する第３回国際数字・理科教育動向調査（TIMSS：The Third in International Mathematics and Science Study）である。この学力調査が示したドイツの子どもたちの理数系の基礎学力の不振状況をきっかけに、教育のクオリティ向上をめざす改革へと舵をきったことである。

KMKは、1997年10月に「質の保証・開発（Qualitätssicherung und -entwicklung）」を全面的に打ちだした「コンスタンツ決議（Konstanzer Beschluss）」を採択し、ドイツの子どもたちの学力問題に逸早く警鐘を鳴らした。この決議は、今日に至るまで、教育改革における「質保証」を実現するクオリティマネジメントの方向性を決定づけた重要な政策文書であり[4)]、現在に至るまでの一連のインプット・アウトカム型の改革を導いた「実証主義的転換点（empirische Wende）」[5)]と見なされるものである。世界的な動向と重ね合わせるならば、他の先進国にやや遅れて、ドイツの学校教育領域においてもニューパブリック・マネジメントの質保証メカニズムを導入することをコンスタンツ決議が決定づけたといえる[6)]。

このコンスタンツ決議以後、ドイツにおいてインプット・アウトカム型の改革モデルをベースとする「質保証」の概念が定着することとなる[7)]。この決議がインプット・アウトカム型の教育改革を推進する根拠となり、現在に至るまで教育の質保証のために有力なエビデンスデータを提供する学力・学習状況調査の実施につながっていった。「質保証」は、ドイツで進められてきた教育改革において、その過去約20年間の特徴を示すキーコンセプトであるが、コンスタンツ決議はその起点となる重要な政策文書として位置づけられる。

国際学力調査がもたらした影響の二つめは、問題解決能力など、TIMSS調査よりも高度な学力を測定するためのOECD（経済開発協力機構）加盟国を主対象にしたPISA調査（Programme for International Student Assessment）に由来するものである。PISA調査は、2000年に初回調査が実施され、読解リテラシー、数学リテラシー、科学リテラシーという3つのリテラシー領域における知識・技能の活用力等を測定するものである。同調査は、「学校で学習した教科内容の理解度や定着度をみるというよりも、子どもたちが将来社会に参加したり、生活したりしていく力をどの程度身に付けているかをみるという点で、これまでになかった国際比較調査である」[8]と評価された。より高度な学力のエビデンスデータをもって結果を示すこのPISA調査を通しても、再び、ドイツの子どもたちの学力不振は白日の下に曝されることとなった。そのPISA調査の結果を以下において詳しく見ていくことにする。

PISA調査は、生徒の学習到達度を明らかにすることを目的として、参加国が共同で開発したテスト問題を15歳児対象に実施する。2000年を第1回目の調査とし、以後3年サイクルで調査が実施される。PISA2000は読解リテラシー（読解力）、PISA2003は数学的リテラシー、そしてPISA2006は科学的リテラシーに重点がおかれた調査である。参加した生徒は、いずれも無作為抽出された15歳の生徒である。PISA2000では、32か国（OECD加盟国28か国、非加盟国4か国）の約26万5千人の生徒が参加し、そのうちドイツから参加したのは、219校、約5000人の生徒である[9]。

読解リテラシー、数学的リテラシー、科学的リテラシーの3分野の能力が調査されるPISA調査では、各リテラシーは次のように規定されている[10]。

まず読解リテラシーとは、「自らの目標を達成し、自らの知識と可能性を発達させ、効果的に社会に参加するために、書かれたテキストを理解し、利用し、熟考する能力」である。数学的リテラシーとは、「数学が世界で果たす役割を見つけ、理解し、現在及び将来の個人の生活、職業生活、友人や家族や親族との社会生活、建設的で関心を持った思慮深い市民としての生活において確実な数学的根拠にもとづき判断を行い、数学に携わる能力」である。そして科学的リテラシーとは、「自然界および人間の活動によって起こる自然界の変化について理解し、意志決定するために、科学的知識を使用し、課題を明確にし、証拠に基づく結論を導きだす能力」である。すなわち、PISAは実生活の場面で知識や獲得した概念を活用する力の把握に力点をお

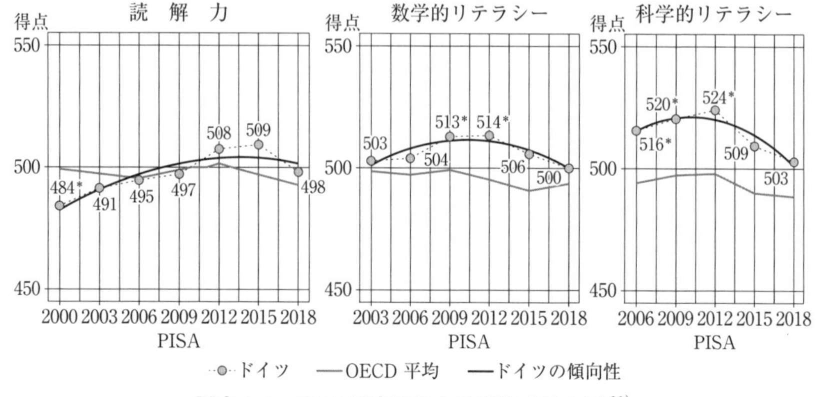

図表 1-1　PISA 調査の得点の推移（ドイツ）[11)]

いた調査だといえる。PISA2000に参加した生徒には、３分野のリテラシーに関するテスト問題に加え、家庭状況や社会的背景などに関する質問紙も課せられた。

例えば読解リテラシー（読解力）は、①文章情報を正確に取り出す力〈情報の取り出し〉、②文章情報のもつ意味の理解〈解釈〉、③文章情報を生徒の知識・考え方・経験に結びつけること〈熟考・評価〉、の３つの側面から測定されるものであるが、そのドイツの成績は31か国中21番目であった。習熟度レベル別（６つのレベルのうちレベル１未満を底辺レベル、レベル５を最上位レベルに設定）に見ると、〈情報の取り出し〉ではレベル１未満に位置する生徒の割合が10.5％（OECD 平均8.1%、日本3.8%）、同じく〈解釈〉では9.3%（同5.5%、2.4%）、〈熟考・評価〉では13.0％（同6.8%、3.9%）であった。「最も基本的な知識と技能が身に付いていないため、読解力が不十分である」と判定された生徒の割合が、ドイツでは約10%を占めていたのである。これは先進諸国の中ではかなり高い数値である。

また、PISA 調査では、学校の学習環境の一環として「生徒に対する特別指導」の実施に関する回答が調査対象校の教師に求められた[12)]。これまでのドイツの教授学専門書や学習指導要領を鳥瞰すると、高次のレベルで生徒の個人差や能力差に応じた個別指導重視の姿勢がとられてきたという印象が持たれても不思議ではない。これらは、「内的多様化（Innere oder Binnen-differenzierung）」[13]の措置として説明されてきたところである。

しかしPISA2000調査によると、ドイツでは「成績の優秀な生徒のための教科の特別授業」は45.3%の割合で実施され、他国との比較ではまずまずの実施状況であるものの、「成績の良くない生徒のための、国語の補習授業」ではOECD平均を25%強下回る実施状況であった。さらに「成績の良くない生徒のために、勉強の仕方を指導する特別授業」（ドイツ14.9%、OECD平均45.9%）、「教職員による個別的な指導」（同13.6%、同70.9%）など、調査国中最低レベルの実施状況にあることが判明した。つまり、成績の芳しくない生徒に救いの手が差し伸べられる機会に乏しい学習環境にあり、学校での学習で学力格差は埋めにくい学習状況にあったことが窺われる。TIMSSショック直後には、ドイツの学校制度を間接的に擁護するために東アジア型の一斉画一式・競争詰め込み型の教育環境にないことを理由に挙げるなどして実証から目を背ける論調もみられた[14]が、PISA調査の結果は、学力格差を生み出している現実への直視を迫ったといえよう。

PISA2000の結果が公表された半年後の2002年6月には、州間の学力状況を明らかにする意図から、各国共通テストに加えてドイツが独自に実施したPISA補足調査（PISA-E）の結果が公表された[15]。これにより、学力レベルはドイツの全地域において均質ではないことが判明し、州間に歴然たる学力格差が存在することの問題を証明することとなった。

PISA2000及びPISA-Eから明らかになったことを総括すると、一つには、大きな生徒間格差が生じていることである。例えば総合読解力において、到達度レベル最上位層の生徒の占める割合は日本と比べても大差がない一方、下位層に位置する生徒の割合が高い。最下位の5%層の生徒の成績と、最上位5%層の生徒の成績の格差が、他国よりも顕著だったということである。

二つには、この生徒間格差の背景にある社会経済文化的要因によってもたらされた階層間格差が他国と比べて大きいことである。外国からの移住、親の職種、親の学歴、家庭の文化的所有物の4つの要因のうち、ドイツでは外国からの移住にともなう要因を除く3つの要因でOECD平均を上回っていた[16)]。これは社会的・文化的再生産論を裏づけるものであり、看過できないほどの社会構造的問題を抱えていることになる[17)]。特に「親の職種による社会経済指標」では、指標値としての標準偏差値が1ポイント上がると、OECD平均で28点程度高くなる効果があるのに対して、ドイツでは約67点と突出している。これは親の収入別格差からも裏づけられている。第三に、地域格差（州間格差）が大きいことである。数学的リテラシーを例に挙げると、OECD平均値を500ポイントに換算した場合、ドイツ16州の最高がバイエルン州の516ポイント（日本557ポイント）であるのに対して、ブレーメン州では452ポイントしかなかった。なお、OECD平均を上回った州は、バイエル州をトップに、バーデン・ヴュルテンベルク州とザクセン州の3州しかなかった。

さらにもう一つの問題として、学校間格差（学校間分散割合）の大きさが指摘されてはいるものの、ドイツの教育制度はもともと三分岐系（ギムナジウム、実科学校、基幹学校）に総合制学校を加えた、実質的には四分岐系の選別型中等学校制度をとっており、それに因るものである。好成績を収めたフィンランドが9年間の非選別型の総合制学校（ペルスコウル）であることから、当時、ドイツ国内でも特にSPD政権州において総合制中等学校の拡大を求める声が挙がったが、あまり支持は得られなかった。それは、国内で成績の高かった保守政権州において、三分岐系中等学校制度を保持する方針をとっていることが影響した[18)]。

OECD加盟国の平均と比べた時のドイツの深刻な学力格差（低水準な学力状況）を生じさせている現状は、PISAショックという言葉を生みだすくらいに、一種の社会現象にもなったほどである。PISA調査のエビデンスデータの影響は大きく、学校と授業の質保証へと向かう教育改革の既定路線化が決定づけられてゆく。1960年代にはG.ピヒトの論説『ドイツの教育的破局』等を契機に教育内容の現代化が求められた[19)]が、PISA後の教育改革では、KMKは「教育システムの現代化」(Modernisierung unseres Bildungssystems)[20)]をめざす教育改革に取り組む方針を打ち立てた。

学力調査参加国との比較で教育のクオリティを数値で示す国際学力調査の低調な結果は、NPMの浸透とともに、エビデンスに基づく改革を実現するための教育モニタリングシステムの構築へと舵を切るのに十分な動機をドイツに与えたとみられる。2001年12月5・6日にKMKは第296回定例会議を開催し、PISA2000を総括した結果として優先的に取り組むべき教育アクションプラン「7つの行動分野（sieben Handlungsfelder）」を決議した[21)]。この7つの行動分野に改革ターゲットを定めた教育アクションプランに基づいて行われた教育改革は、現在まで継続していると見られる。この7つの行動分野では、特に第5の行動分野（改革ターゲット）として示された「教育スタンダードに基づく授業と学校の質保証・改善」が本書の研究テーマと深く関連する[22)]。

教育アクションプラン「7つの行動分野」以後、このアクションプランに示された改革ターゲットを実現するための取り組みが進められていく。そのなかでも国共通のコア・カリキュラムとして導入された「教育スタンダード（ビルドゥング・スタンダード：nationale Bildungsstandards）」[23)]は、授業と学校の質保証・開発において決定的な役割を果たすツールとなりうるものであった。

KMKは、2003年から2004年にかけて、言語系教科（国語と外国語）と理数系教科を対象に国共通の教育スタンダードを決議した。この教育スタンダードの作成を節目とする学力改革は、コンスタンツ決議が示した学校と授業の質保証・質開発を実現するための構造的パラダイム転換[24)]を意図するものであった。経年的で良質な学力エビデンスデータを弾き出すためのスタンダードの存在は、インプット・アウトカム型の質保証のメカニズムの前提条件であり、その作成により大きな一歩を踏みだすこととなった。

ここでいう構造的パラダイム転換とは、教育法規、学習指導要領、教科・領域の改編、授業時数等、入口の改革を主軸としたインプット操作から、教育の結果・確かな根拠（エビデンス）に基づく質の改善・向上を志向する「アウトカム志向」[25)]へ、もしくは「インプット・プロセス・アウトプットモデル」[26)]への転換を指すものである[27)]。その際、短期的な視野から効果の捕捉を行う場合にはアウトプット（Output）、長期的な視野から効果の捕捉を行う場合にはアウトカム（Outcome）として使い分けられる傾向にある[28)]。いわゆる、入口と出口の両面を改革のターゲットにするサンドイッチ型の改革モデルへのパラダイムシフトを意味する。それは、PDCA サイクルに代表されるように、アウトカムに基づいてインプットも改革するという連動型・循環型のモデルを前提にしている。

そもそも教育スタンダードの Standard は、その語源が「旗印」を意味する[29)]ことからもわかるように、何をどのくらいの水準まで学ぶのかなど、学習を進めていくうえでめざしていく方向性と学年進行に応じた到達水準を明示することで、その時々の生徒の学習到達度を可視化する診断的機能へと架橋するものである。これを学習者の自己評価を可能にするという意味で学習者ベースの機能とすると、教授者ベースの機能としては、教師の授業行為（教え方）とその効果、この授業行為を支えるシステムや仕組みの有効性を確認するための、効果検証・省察のための基準という機能を兼ね備えたものである[30)]。

第2節　教育制度におけるクオリティ開発研究所（IQB）の役割

ドイツでは、いわゆる PISA ショックを契機にして、授業と学校の質保証・開発政策が次々に展開されてきた。いわゆる PISA ショック後の教育改革である[31)]。国共通の教育スタンダードを設定し、この教育スタンダードを参照枠としてコンピテンシー志向の授業開発を行い、質保証・改善のための好循環型システムを構築して授業と学校のクオリィを検証するという、PISA ショック後の改革の輪郭が定まってきたころに、これらの改革を中心的に担う教育系の研究所が設立された。それがベルリンのフンボルト大学に併設された「教育制度におけるクオリティ開発研究所（Institut zur Qualitätsentwicklung im Bildungswesen: IQB）」である。

このIQBは、教育システムにおける持続的なクオリティの開発・保証について、各州の活動を支援することを目的として、2004年に設置された。この目的のもとに、KMKの国共通の教育スタンダードを構築し、生徒たちがどの学年までにどの程度のコンピテンシーを獲得しているかをモニタリングすることや、学校がどの程度のコンピテンシーの水準に到達しているかを定期的に点検したり、教育スタンダードをカリキュラムに移行させたりする場合に各州を支援すること、エビデンスデータの蓄積・検証により、教育スタンダードの改訂などを行う[32]。また、各州において第3学年と第8学年の生徒を対象に実施される悉皆型のローカルテスト（VERA）への支援体制もとっている。KMKにより州を越えて実施することが決議された教育のクオリティ開発や教育モニタリングシステムの構築は、2003-2004年にかけて導入

教育制度におけるクオリティ開発研究所（IQB）（筆者撮影）

された国共通の教育スタンダードを基盤にして実施されるものである。

IQBの主な活動は、①ドイツにおける学校教育の改善に貢献すること、②国際的な学力水準との接点を保つこと、③授業や学校が高い質を確保できるように各州の様々な取り組みを後押しすること、④特別な措置については州の枠を越えた包括的な相互関係を築けるようにすること、⑤教育制度の比較や透明性が高められるように寄与すること、である[33]。これまでに、オラフ・ケラー教授（Olaf Köller）、ハンス・アナント・パント教授（Hans Anand Pant）、ペトラ・スタナート教授（Petra Stanat）が研究所長を務めたIQBには、このように、州の枠を越えた統合調整機能をもって全ドイツ的に授業や学校の質保証に貢献することが求められている。

コンピテンシー志向の授業改革において、IQBがいかに重要な役割を担っているかを認識するために、その任務を活動領域と研究領域の両面から確認しておく。

まずIQBは、主に以下の7つの活動領域に従事する[34]。

①IQB教育トレンド調査（ナショナルテスト）において、教育スタンダードの到達度を適切に検証するためのテスト課題を構築すること

②教科ごと及び学校段階ごとに、達成することができ、なおかつ生徒たちに求められる学力を具体的に説明するコンピテンシー段階モデルを教科教授学や実証的研究の裏づけをもって開発すること

③初等教育段階（第4学年）と中等教育段階（第9学年）において、教育スタンダードの到達度を検証するために、IQB教育トレンド調査（ナショナルテスト）を定期的に実施すること

④各州で毎年、第3学年と第8学年を対象に実施する比較調査（VERA: Lernstanderhebung＝ローカルテスト）のためのテスト問題や教材を開発すること

⑤教育スタンダードに詳述されているコンピテンシーをどのように授業展開すればよいのか、図入りの学習課題を公開すること

⑥教育スタンダードを浸透させる研修会等の開催において各州に協力すること
⑦アビトゥアの試験問題を蓄積するために全体をまとめること

次に、研究領域については、主に以下の3つの分野に従事する[35)]。
①IQBが提示するテストの実施方法や分析方法を最適なものにする研究
②実証的データをスタンダードベースの授業開発や学校開発に活用しやすいものにする研究
③各州の教育制度におけるクオリティ開発において関心が寄せられているテーマに関する研究

上記以外にも、どのような構造にすればコンピテンシーは学校で利用されやすいものになるのか、また、どのようにすればそのコンピテンシーは信頼性をもって理解されるのか。学力測定や学力比較に求められる多様な方法をどのようにすれば最適化できるのか。どのような条件ならばどのくらい教育スタンダードを実践に移すことに成功するのか。学校は、ますます多様化する生徒集団とどのように向き合えばよいのか、また、特別に学習支援を必要とする生徒たちの力を伸ばすにはどのようにすればよいのか。学校で有意義に学ぶのに必要な言語・読解コンピテンシーをどのように理解し、どのように伸ばせばよいのか[36)]。

IQBでは、ナショナルテストの実施やローカルテストの支援、テスト結果の分析とスタンダードの調整以外に、このように学校や授業のクオリティ開発に直接の影響を与えるところまでを視野に入れた活動や研究を行うことがめざされている。

第2章　新しい能力概念によるパラダイム転換後の学力改革

第1節　新時代を展望した学力改革

AIによって劇的に変化する未来社会を展望し、経済先進国の多くは学校で育成する能力＝学力を再定義する必要に迫られた。それは、学校教育にとどまらず、その境界を越えて一生涯を射程に入れて育まれる能力を規定するものであった。その新しい能力概念には、学卒後も保持され、職業・社会生活や人生を豊かにすることが期待される能力要素が内包されている。日本においても、ある程度でも相互に統一が図られているかどうかは別としても、「生きる力」（文部科学省）や「人間力」（内閣府経済財政諮問会議）、「就職基礎能力」（厚生労働省）や「社会人基礎力」（経済産業省）などにより、新しい能力概念が構築されてきたところである。

わが国で提示された能力概念は、そのほとんどが北米、EU、オセアニアなどで使われてきた概念を翻案したものであり、その能力要素には、基本的な認知能力や高次の認知能力、対人関係能力や人格特性・態度が含まれていること、そしてその中には知識・技能のような明示的な能力だけでなく、人格の深部にまでおよび測定することが困難な能力要素が組み込まれていることが指摘されている[37)]。近年の、特に社会構成主義的学習論等では、むしろ能力を知識とスキルに狭く限定することの方を問題視してきた経緯もあり、「『個人』の尊厳を守り人生を豊かにするような形で能力形成をおこなうこと」は、いかに「能力評価や能力形成における公正さと公共性を担保することができる」かという前提条件を示した上で、学力と人格の統一という教育学で希求されてきた理念とも少なからず合致している、との見解が示されている[38)]。

新しい能力概念について、松下佳代は、その能力要素を垂直軸と水平軸という2次元で区別することで、異なる能力要素からなる複合的な能力概念であることの説明を試みている[39)]。ここでいう垂直軸（深さ）とは、「能力を認知的側面だけでなく非認知的側面（情意的側面・社会的側面）を含むもの」[40)]とし、「可視化しやすい認知的側面（知識やスキル）だけでなく、より人格の深部にあると考えられる非認知的要素（動機、特性、自己概念、態度、価値観など）をも含む」[41)]としている。水平軸（広さ）は、「能力を汎用的（領域一般的）なものとみなしている」[42)]ところに特徴があるとしたうえで、「さまざま状況を超えて一般化でき、しかも、かなり長期間にわたって持続するような行動や思考の方法」[43)]であるとする。他方、「垂直軸（深さ）を構成する各要素へのアプローチ」においては、要素主義的アプローチと統合的アプローチがあるという。要素主義的アプローチとは、特定の目的を設定し、能力が「いったんばらばらに切り離された後に、組み合わされて全体を構成する」[44)]ものである一方、統合的アプローチの方は、ホリスティックアプローチと呼ばれている。それは「内的属性としてさまざまな認知的・非認知的要素を含んでいるものの、それらをリスト化することに焦点があてられているわけではない」のであり、問題解決など「ある特定の文脈における要求に対してそれらの要素を結集して応答する能力こそがコンピテンス」[45)]であると解説している。

これら拡張されてゆく新しい能力概念については、OECDが示した「社会資本（social Capital）」の定義が影響を与えたことが指摘されている[46)]。社会資本は社会インフラを指す概念として、従来は人的資本の対概念として捉えられてきたが、新しい能力概念においては、人間の社会的な関係構築能力をも含めているところが特徴的であり、社会資本概念の再定義は能力概念の拡張につながったところでもある。こうしたOECDの社会資本の考え方は、「諸国民のウェルビーイング」（2001年）に顕著に現れているという[47)]。福田誠治の解説によると、社会資本の概念は、「集団内部または集団間の協力を実現する共通の規範・価値観・理解を共有するネットワーク」と定義されていることからすると、「特定の文化環境において形成されるものであるから、これまで考えられてきたように『個人に獲得された認知能力や明示的な知識』ではなく、『性質を含んでより幅広い人的資本の概念』を用いた方がよい」[48]との判断が働いたという。このように人的資本の概念に包摂した方が、「『さまざまな非認知的能力やその他の性質』がウェルビーイングに貢献していること、またそれらの能力や性質が学習などで外部環境から影響を受けて、変化しうることを適切に示すことができる」[49]との理由が示されている。つまり、「異なる文化や信念への寛容の上に築かれた対話と相互理解は、社会結合の重要な側面であり、社会資本を支える助けとなる」[50]からである。その理由を示すのに福田は、「人的資本を作り上げるだけでは不十分だ」、「社会資本とは、グループ内あるいはグループ間で協同を促進するような規範、価値、理解を共有した相互ネットワークであり、結合力ある諸社会を発展させ、維持するためにも不可欠なものだ」[51]とするマックゴー OECD 教育局長（当時）の主張を援用する。

こうした人的社会資本論については、OECD の DeSeCo プロジェクト報告書（邦訳版『キー・コンピテンシー』明石書店）でも示されていた。同報告書では、「経済的、政治的、社会的領域や家庭の領域、あるいは公的、私的な個人の人間関係、あるいは個々の人間的成長などを含め、生活の異なる領域への効果的な参加と人生の成功にとって第一に重要だと考えられる一連のコンピテンシー」[52]に焦点を当てたとする。このようにコンピテンシー開発のねらいを説明したうえで、新しい能力概念における非認知的要素の重要性を次のように指摘している。

「認知的技能と知識は明らかに伝統的な学校プログラムを通じて伝達される重要な教育成果ではあるが、コンピテンシーに関する考察はそうした認知的要素だけに限定することはできない。労働市場での行動や知性と学習に関する最近の研究は、態度や動機づけ、価値といった非認知的要素の重要性を示している。」[53]

OECDのDeSeCoプロジェクトで確認されたのは、認知的要素だけに到底限定できない「人生の成功や社会の良好な働きに貢献する」[54]ことにつながるような能力概念を構想することであった。その能力概念がコンピテンシーであり、そのために非認知的要素を含めてOECDの新しい能力概念であるコンピテンシー概念が示されたのである。

その後の能力概念の展開として、ここでは、EU（欧州連合）が生涯学習社会を展望しての勧告「生涯学習における8つのキー・コンピテンシー」（2006年）を取り上げ、EU共通の新たな能力指標がどのような能力の要求構造と能力要素を内包するものとして構築されようとしているのか。そしてドイツはそれと連結させて、どのような能力指標を形づくろうとしていたのかを明らかにするため、EU官報（Amtsblatt der Europäischen Union）等に基づき、欧州におけるその後のキー・コンピテンシーの構築に向けた経緯を辿ることにする。

第2節　ヨーロッパにおける新たな学力観の展開[55]

EUは、2007年に『欧州レファレンスの枠組み（European Reference Framework：ERF）』[56]を公表し、欧州共通の能力概念として「生涯学習における8つのキー・コンピテンシー」（独語：Schlüsselkompetenzen für lebenslanges Lernen、英語：Key Competences for Lifelong Learning）を示した。ここではレファレンスの枠組みとして8つの鍵となる資質・能力が提示された。

2000年3月に開催された欧州連合（EU）首脳会議で採択された「リスボン戦略（Lisbon Strategy）」以後に検討を重ね、2006年12月18日に欧州議会と理事会が決議したのがERFである[57]。ERFは、同年12月30日に官報で公示した勧告「生涯学習における8つのキー・コンピテンシーの推奨」の補足資料に位置づけられている[58]。この勧告は、欧州域内における普通教育・職業教育に関し、政治的な協調の基盤を形成するためのワーキング・プログラム「普通教育・職業教育2010」の成果の一つである。ERF により生涯学習を展望した新たな EU 共通の能力指標が確認されたことは、以後の国際的な能力概念の行方を展望する上で注目された。

「生涯学習における8つのキー・コンピテンシー」が取り決められた経緯の詳細を、以下、EU 官報に基づき捕捉しておく[59]。

日本でもよく知られるところとなったリスボン戦略は、2000年からの10年間を展望し、より質の高い雇用と強い社会的連帯を伴い、持続可能な経済成長を導くために、「競争力のある、ダイナミックな知識基盤型経済への移行」の実現に向け、労働市場の開放と人的資源の確保に政治的な関心を向けたものである。EU の最高議決機関である欧州理事会が教育に関する重要政策課題を採択したのは、このリスボン戦略が初めてであり、これは「EU の教育・訓練政策の大きな転換期である」[60]と指摘されたのもそのためである。そこでの重要課題の一つが、ヨーロッパ市民が生涯にわたる学習を通して獲得する新たな基盤能力を定義することであった[61]。そのミッションに向けて欧州理事会は、ストックホルム会議（2001年3月23-24日）やバルセロナ会議（2002年3月15-16日）等を通し、普通教育・職業教育システムの将来目標を確認し、2010年までにこの目標を達成するためにワーキング・プログラム「普通教育・職業教育2010」を採択した。このワーキング・プログラムにおいて5つのベンチマークと29の指標が設定された。

2003年5月に開催された教育閣僚理事会は、ヨーロッパにおけるレファレンス水準（ベンチマーク）を取り入れた最終合意文書を採択し、2010年までにベンチマークとして明記された具体的な数値目標を各国において達成していくこととした。このベンチマーク（数値目標）には、15歳の生徒の読解力における成績下位者の減少、早期退学者の割合の引き下げ、後期中等教育修了者の拡充、成人の生涯学習への参加率の向上が含まれており、これらベンチマークとして示されたレファレンス水準は「キー・コンピテンシー

(Schlüsselkompetenz) の開発と密接にかかわっている」[62]とした。ここでの具体的な数値目標の設定により、これ以降、EU において「信頼性のあるデータ収集に力が注がれ、事業評価の際には目標の達成度が重視」されることになったと説明されている[63]。

青少年にキー・コンピテンシーを習得させ、教育水準の改善を図ることは、欧州評議会が2005年6月に承認した「成長と雇用の指針2005-2008」の骨子の一つでもあった。この指針では、EU 加盟国の改革プログラムの中で職業にかかわる諸要求やキー・コンピテンシーを適切に定める一方、普通教育・職業教育のシステムを来たるべき時代の新たな競争に適合させなければならないと呼びかけた。

「生涯学習における8つのキー・コンピテンシー」は、すべての若年層がこのキー・コンピテンシーを獲得することで、成人生活への準備を整え、学卒後にも継続する学習や職業生活のための基盤（資質）を形成することを展望して抽出したものであり、このコンピテンシーを戦略的に取り入れることで未来志向の価値の高い普通教育・職業教育の発展に寄与するとされる。また、大人にとっても関係する生涯学習の機会提供を通じてキー・コンピテンシーを一層伸ばすことにも寄与するという。このような視点から、政治的な決定権者、教育権者、雇用者・被雇用者、学習者自身に指し向けられたキー・コンピテンシーは、自国の改革や加盟国間での情報交換を容易にし、ヨーロッパ・レファレンス水準に到達するために取り決められたものである。これをどのようにやるかは加盟国に委ねられている。

以上のような経緯から、生涯学習を展望した欧州共通の新たなキー・コンピテンシーが定められたのである。

第3節　学力構築型カリキュラムとしての教育スタンダード

第1章第1節で取り上げた教育アクションプラン「7つの行動分野」のうちの第5の改革ターゲットは、「教育スタンダードに基づく授業と学校の質保証・改善」であった。KMKはこの方針に沿い、2002年5月23・24日に基礎学校修了（第4学年）、オリエンテーション段階修了（第6学年）、前期中等教育修了（第10学年）の各段階の到達目標を示した国共通の教育スタンダード（nationale Bildungsstandards）を定める協定を交わした。この協定に基づき教育スタンダードが起草され、2003年12月4日のKMK定例会議において、前期中等段階第10学年での中級修了資格を示した教育スタンダード（ドイツ語、数学、第一外国語：英語かフランス語）が決議された。2004年10月15日には、基礎学校第4学年修了用教育スタンダード（ドイツ語、数学）と基幹学校第9学年の教育スタンダード（ドイツ語、数学、第一外国語：英語かフランス語）、同年12月16日には、前期中等段階第10学年の教育スタンダード（生物、化学、物理）が決議された[64)]。これらがPISAショック後の改革初期の教育スタンダードである。KMKの協定では、これらの教育スタンダードは、2004・2005年学期もしくは2005・2006年学期から全州において導入することが合意されていた。

これらの教育スタンダードが全国に普及し、その教育スタンダードに基づく教育を受けた世代が大学に入学するころ、KMKは2012年10月18日に「大学入学資格のための教育スタンダード（Bildungsstandards für die Allgemeine Hochshulreife）」として、ドイツ語、数学、外国語（英語とフランス語）を、2020年6月18日には、これらの教科に自然科学系教科（生物、化学、物理）の教育スタンダードを加えた（図表2-1参照）。現在、2024年半ばを目途に、基礎学校のドイツ語、数学、第一外国語（英語、フランス語）の教育スタンダード、前期中等段階のこれらの教科に自然科学系教科（生物、化学、物理）の教育スタンダードを加えた改訂が予定されている。これと併せて、「KMK戦略：デジタル時代のビルドゥング（教育）」に示された方針にしたがい、テスト課題のリニューアル、学習者の相互作用性を問う課題の開発、コンピテンシー診断用のテクノロジーベースのアセスメント（Technologiebasiertes Assessment：TBA）システムの構築などが計画されている。

図表 2-1　KMK 教育スタンダードが定められた教科[65]

	第4学年修了	前期中等教育（第二段階Ⅰ）修了		後期中等教育(ギムナジウム上級修了)
		基幹学校修了資格	前期中等学校修了資格	普通大学入学資格
ドイツ語	■	■	■	■
数学	■	■	■	■
英語		■	■	■
フランス語		■	■	■
生物			■	■
化学			■	■
物理			■	■

基礎学校（小学校）から大学入学資格まで示された教育スタンダードが担う中核的な役割とは、第一に、教育活動の目標をめざす学習成果として明示することである。この目標の実現のために、学校生活のある段階までに身につけるべき能力を教科ごとに規定したものがコンピテンシーであるが、このコンピテンシーはそれぞれの教科の知識・技能を活用して問題を解決する能力として理解される。将来の学習にとって重要な中核コンピテンシーの継続的かつ相互的な開発に向けて学習プロセスを方向づけることである。第二に、ドイツの教育システムの質向上と質保証のために学習成果を把握・評価することである。国際的な学力調査で得られた結果から、当時のドイツの教育制度で主流であったカリキュラムによる学力のコントロール（インプットコントロール）では、望ましい結果が得られないことが判明し、そのため教育プロセスの効果や結果に焦点を当てること（アウトプット・コントロール）を強化する改革がスタートした。これには、拘束力のある能力目標を定義することや、教育システムの質向上と質保証を実証研究に基づいて定期的に検証するためのデータを提供する教育モニタリングシステムの構築が含まれる[66]。

国共通のKMK教育スタンダードが提示した主な中身は以下の7つである[67]。①各教科の包括的な基本原理、②特定の学年終了時までに到達されるべき教科特有のコンピテンシー、③教科の体系的な学習と知のネットワークを形成する教科横断的な学習の両方をめざし、コンピテンシーを累積的に構築するための学習原理、④期待される学習成果、⑤各教科の中核領域、⑥中間的・標準的要求レベル（Regelstandard）、⑦課題例による学習の具体的イメージ、である。

質保証のための操作性を持たせるようにアウトプット志向の教育スタンダード（outputorientierte Bildungsstandards）[68]を十全に機能させるには、教育スタンダードに次の7つのメルクマールを装着させる必要があると考えられている。そのメルクマールとは、①専門性（教科の本質をなす基本原理を定式化していること）、②焦点化（教科の中核的な内容への限定）、③累積性（一定期間に構築されるコンピテンシー）、④全員への義務化（豊かな社会参加のために期待される最小限度の土台と位置づけることで、学力水準の低い子どもに支援の手が差し伸べられるようにすること）、⑤多様性（学習展開を理解可能にするために、コンピテンシーの標準的な到達水準だけでなく、その上下の水準についても示されていること）、⑥わかりやすさ、⑦実現可能なものであること、である[69]。

ドイツ基本法に定められた州の文化主権（Kulturhoheit）[70]により、ドイツ16州は自律的で独自の教育政策を展開することができる反面、その政策展開がばらばらになりすぎるとスタンダードとしての機能性が保てなくなる。そのためケラーは、教育スタンダードに装着させるべき要件は、さらに3つあると主張する[71]。

第一に、卒業資格との連結性（Abschlussbezug）である。特に中等教育段階の学校形態は州により多様であり、この多様性に左右されないかたちでの卒業資格と連結させることを訴えている。第二に、州の境界を越えた効力性（Länderübergreifende Gültigkeit）である。州を越えた引っ越しの機会は、モビリティといわれる移動社会では増加の一途をたどっている。この古くからの問題に教育スタンダードが対応するべきであると考えられている。第三に、測定性（Messbarkeit）である。

以上、教育スタンダードにおける合計で10のメルクマールの現状を整理した一覧が図表 2-2である。

10のメルクマールのうち、実現されているのは4項目、部分的に実現されているのは4項目である。相反するベクトル関係にある義務化と多様性は、両方とも実現されておらず、中途半端な状態にあるとケラーは評価している。これについて、「生徒たちの客観的な学力状況を示す実証的エビデンスを蓄積することなく、スタンダードとして義務化と多様性を教育的に設計してかたちにすることができるかどうか、はなはだ疑問である」[72]という。教育スタンダードの現状をケラーの解説[73]に基づき、少し詳しく掘り下げていくと、前期中等学校修了資格と基幹学校修了資格の数学の教育スタンダードでは、義務化と多様化を除くすべてのメルクマールで実現されているという。他方、ドイツ語は、焦点化、わかりやすさ、実現可能性、測定性のメルクマールが

図表 2-2　教育スタンダードの現状[74]

メルクマール	実現状況
専門性	○
焦点化	○
累積性	部分的
義務化	×
多様性	×
わかりやすさ	部分的
実現可能性	部分的
連結性	○
効力性	○
測定性	部分的

不足し、このことは、第一外国語の教育スタンダードの異文化間理解コンピテンシーの領域でも同様であるという。

国共通の教育スタンダード[75]と各州が作成する学習指導要領との関係性について、KMK は、「スタンダードが教科のすべての領域を網羅しているわけではないし、すべての教科のスタンダードが存在しているわけでもない」[76]が、全州で交わした協定に基づき、「各州が学習指導要領を開発するのに、次世代の学習指導要領が教育スタンダードを考慮しないことは、もはや考えられない」[77]との見解を示した。

PISA ショック後のドイツでは、教育スタンダード（ビルドゥング・スタンダード）に基づくインプット＝アウトカム型の質保証システムを構築するにあたり、その基本的な設計の枠組みを提供したのが、E. クリーメや H. アヴェナリウスらが作成した『国共通の教育スタンダードの開発のために』（いわゆる『クリーメ鑑定書（Klieme-Expertise）』）である[78]。このクリーメ鑑定書は、ドイツにおける教育スタンダードの性格や位置づけ、コンピテンシーの機能、インプット＝アウトカム型の授業と学校の質保証・開発システム、教育モニタリングシステム等を議論するうえで、PISA ショック後の教育改革の基盤を提供した。

同鑑定書において、国共通の教育スタンダードの導入は、第一に、アウトプット操作のツールとして、第二に、教師にとってコンピテンシー構築志向型の授業づくりのための専門的なレファレンスの枠組み（professioneller Referenzrahmen）としての役割が意図されていた[79]。KMK スタンダードは、期待される学習成果を具体化した教科コンピテンシーを、各州の権限で作成する学習指導要領に包摂することを促し、これによりアウトプット（出口）における教育効果を測定するための教育モニタリングシステムと結びつけて機能するものとして構想されていたのである。

しかしながら、16の州が文化主権を有するドイツにおいて、PISA や TIMSS など国際学力調査への参加に関する連邦の関与、国共通の教育スタンダード（ナショナル教育スタンダード）の有効化、全国で実施される教育モニタリングシステムに代表される連邦と州との関係性は、法制上、どのように解釈すればよいのであろうか。

これについて結城忠は基本法に新たに追記された条項に着目している。その条項とは、「連邦と州は、協定に基づき、教育制度の成果達成機能を国際的な比較において検証するために、またこれに関して報告し勧告するに際して、協力することができる」[80]（91b 条 2 項）と規定したものである。この条項は、「ドイツの教育制度の成果達成機能を検証するための教育（ビルドゥング）評価に関する機能を連邦と州の協同権として憲法上保証したものと解されて」いるという[81]。その趣旨は「ドイツの教育制度の国際的な等価性と競争力を確保するために、財政・制度構造に関するデータを含む、基本的な情報を連邦と各州の協同によって創造することにある」と説明されている[82]。この91b 条 2 項を根拠に、連邦と各州の共同課題として国際学力調査を位置づけることで、「PISA（生徒の学習到達度国際調査）や TIMSS（国際数学・理科教育調査）のような国際比較学力調査への参加に際して、連邦がこれに関与することが憲法上許されることとなった」[83]のである。

しかし、これに対し結城は、「国共通の教育スタンダード」に対しては、法制上の問題を指摘する解釈を紹介している。すなわち、「学力保証政策の一環として常設文部大臣会議が2003年に導入を決議した『教育スタンダード』（Bildungsstandards）に関しては、一般的な学校教育事項と同じく、これに関する権限はあくまで各州に属しており、したがって、連邦が本条を根拠に『ナショナル教育スタンダード』を定立することは認められない」[84]とする解釈である。この解釈に対し、さらに検討を要するのは、連邦が「主権」を行使するかたちで「ナショナル・スタンダード」を定めたのではなく、各州文部大臣会議の総意（全会一致）として、全州が合意した協定として「KMK 教育スタンダード」として定められた「国共通のスタンダード」であったならば、なおも「『ナショナル教育スタンダード』を定立することは認められない」とする否定的な解釈はどこまで有効なのか、というところである。さらには（オーバーランしてはいけないが）、教育スタンダードが、基本法で定められている「ドイツの教育制度の成果達成機能を検証するための教育（ビルドゥング）評価に関する機能」として、教育モニタリングシステムにおける「成果達成機能」を検証するための教育内容上の基準（コア・カリキュラム＝教育内容の全てをカバーするのではない一部のカリキュラム）と位置づけられるとしたら、それでも否定的な解釈の優位性はなおも保たれるのだろうか。このように、ドイツにおける教育スタンダードには、一筋縄では済まされない、多岐にわたる論点が今なお存在していると言える。

約15年前に刊行した拙編著『確かな学力と豊かな学力』（ミネルヴァ書房）では、各州は文化主権（Kulturhoheit）を有することがドイツ基本法において定められていることから、各州（16州）が学習指導要領を作成する主権を有する地方分権国家において、国共通の教育スタンダードがどこまで定着するのかの展望が十分に見通せなかった。そのため、以下のようにいくつかの見解を示すに留めていた。

つまり、国共通の教育スタンダードを基軸に据えた教育改革において、誰もが否定しにくい、もしくは拒否しにくい学校や授業の質保証というフラッグ（旗）が掲げられていた。教育スタンダードという学力向上のためのツールを基盤にしたコンピテンシー志向の授業は、効率を最優先させるために、コンピテンシーの教え込みをもたらす習得主義を復活させるのかどうか。その場合の習得主義とは単純な知識・技能の習得と同じではないのではないか。そもそも習得主義とは着想が異なる、学び方の質の改革を進めようとしているのではないか。この教育スタンダードを基軸に据えたクオリティ改革では、教育モニタリングシステムを構築することが知らされていた。しかし、この教育モニタリングシステムを伴うコンピテンシー志向の授業と人間形成（Bildung の訳語の一つ）といった高次な理念実現との関係性はどのように考えられているのか。換言すれば、共通性・統一性を一定程度は必然的に招き入れることになる教育スタンダードやコンピテンシー志向の授業とビルドゥング（陶冶：Bildung）というドイツ教育学のシンボルともいえる伝統的な教育理念との関係をどのように解釈すればよいのか等々、改革の行方について立場のことなる種々の解釈が予見されていた。特にビルドゥング概念をめぐる論争の現況に関しては、本書の注23で言及したように、哲学由来の「ビルドゥング論」者たちに対して厳しい批判的立場をとるテノルト[85]を取り上げた山名淳の舌鋒鋭い論考が一つの有力な解答を示している。「ビルドゥング概念を歴史哲学的、世界観的、ユートピア的に援用しようとする傾向」に対し、「哲学じみた体裁の下で正当化」[86]するものと批判し、「今日の学校教育において期待される成果は同時に近代の『ビルドゥング論』が伝統的にその獲得を望んできた成果に連なるものである」[87]とする見方は本書においても支持するところである。

ここでは、再度、各州文部大臣常設会議（KMK）が提示した、以下の方針を確認しておくべきだろう。それは、教育スタンダードというと、習得されるべき資質・能力（＝コンピテンシー）に耳目が集まりがちであるが、学校教育の任務はこれまでと同様に「人格の発達」にあると定められ、1973年5月25日にKMKが決議した「学校の共通する一般的教育目標（gemeinsam allgemeine Bildungsziele der Schule）」[88]は、今後も変わらずアクチュアルなものだとする方針が、教育スタンダードの基本コンセプトと併せて、上記で取り上げた『各州文部大臣常設会議（KMK）の教育スタンダード：コンセプトと展開の解説』で説明されていた。このことを前掲拙編著では以下のように説明していた[89]。

（「学校の共通する一般的教育目標」が提示していた）その一般的教育目標とは、①知識、技能、（コンピテンシーの意味での）能力を伝えること、②自立した冷静な判断、自己責任をともなう行為、独創的な活動ができるようになること、③自由と民主主義の精神を育てること、④寛容さや他者を尊重すること、他者の確信に敬意を払う気持ちを育てること、⑤国際間の協調精神に融和的な態度を喚起すること、⑥倫理規範、文化的・社会的価値を理解すること、⑦社会的行動や政治責任への素地を育むこと、⑧社会における権利と義務を認識すること、⑨労働社会の諸条件に目を向けさせること、の9つである[90)]。

これらは知識・技能から判断力や倫理規範、多様な価値理解までの多面的な発達課題を包含したものである。事実、「教育スタンダードは、特定の教科の中核領域に集中する」ものの、「後続する学校や職業の能力形成に有意義でなおかつ連関的な学習を可能にする、教科的及び教科横断的な基礎的資質・能力（Basisqualifikationen）を定式化したものである」とKMKは規定していた[91)]。教科別に示された教育スタンダードは、教科分離型で進められる学習のみを想定しているのではない。学年を超えて連続的かつ諸教科横断的な資質や能力の形成、つまり系統的な縦の次元と横断的な横の次元での連関性を重視する考えに立っているのである。そして何よりも知育に偏重しない、バランスのとれた調和的な学力観を基盤にすることが、「人格の発達」という学校の任務を果たすことにつながる。

以上の説明は、約15年の歳月を経た現在においても、ドイツにおけるPISAショック後の質保証改革においても変わりえない教育の基本的視座の所在を言い当てている。この変わりえない教育の基本的視座を保持しつつ、国共通の教育スタンダード（コンピテンシー）を代表とする一連のPISAショック後の教育改革は、学校教育で育成する能力の概念と枠組み、生涯学習社会という長期展望下において学校で育成する能力＝学力概念を再定義し、どのような授業と学校の質保証システムを構築しているのだろうか。

第3章　ナショナルテストと教育モニタリングシステム

第1節　抽出標本調査型テストによる学力と学習背景の把握

連邦政府による教育分野への関与が限られている連邦制国家ドイツにおいて、連邦政府が主導する教育政策はわずかしか存在しない。代わりに全州の合意に基づき共通する重要な政策決定を行うのがKMK（各州文部大臣常設会議）である。そのKMKが決議した「教育モニタリングのための総合戦略（Gesamtstrategie der Kultusministerkonferenz zum Bildungsmonitoring）」[92]（2006年、2015年に一部改訂）は、3年ないしは5年ごとに実施する国際学力調査（PISA、TIMSS、IGULU／PIRLS）に基づき、ドイツの児童生徒の国際的な学力水準、家庭の経済状況、家庭での使用言語や社会文化的背景等、能力以外の外部要因が学力に及ぼす影響等を把握する一方、国内向けにナショナルテストとローカルテストの2種類の学力調査を実施する方針を定めた。これらは、国内向け学力調査を通し、学校と授業の質を保証し向上させるために、エビデンスデータに基づいて学校と授業の開発を促進するという総合戦略に位置づくものであった[93]。

ここでいうナショナルテストとは、第一に、ベルリンのフンボルト大学に併設された教育制度におけるクオリティ開発研究所（IQB）が実施する「教育トレンド調査（IQB-Bildungstrends）」（2014年まで「州間比較調査（Ländervergleich）」と呼ばれていた）である。このテストは、初等段階では第4学年の児童を対象に5年ごとに実施し、中等段階では第9学年の生徒を対象に3年ごとに実施する標本抽出型の学力調査である。このナショナルテストは、児童生徒の学力傾向の測定を通して、教育スタンダードの達成状況を把握することを目的にしていた。図表3-1のように、初等段階のドイツ語と数学の2教科を対象にしたナショナルテストは、５年おきに実施されている。中等段階を対象にしたナショナルテストは、ドイツ語と第一外国語（英語・フランス語）の教科群と、数学、生物、化学、物理の教科群に分けて交互に３年おきに実施されている。中等段階を対象にしたナショナルテストの方は、国際的な学力水準と比較したり習熟レベル（難易度）の客観化を確保したりするため、PISA 調査と同一年に実施していることがわかる。

ナショナルテストは、2009年から2012年にかけて（第１期）、初等段階、中等段階の２つの科目群に対し、各１回（計３回）、教育スタンダードの到達度が検証された。この IQB による州間比較調査（Ländervergleichsstudien）により、試行的に設定されていた学力水準の基準値が調整された。これにともない、州間比較調査から教育トレンド調査に名称が変更され、今に至っている。第２期は『教育モニタリングのための総合戦略』が改訂された2015年から始まり、2021年からは教育スタンダードの水準を検証する第３期に入っている。

ドイツ語圏においてインプット・アウトカム型の改革において用いられる

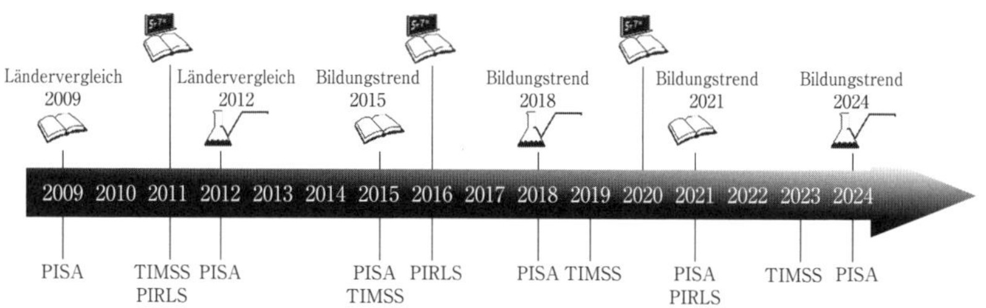

ナショナルテストは、2012 年までは IQB 州間比較調査（IQB-Ländervergleichsstudien）、2015 年以後は IQB 教育トレンド調査（IQB-Bildungstrends）と呼ばれ、以下の学校段階、教科の教育スタンダードに基づいて実施されている。

 前期中等段階　ドイツ語、英語、フランス語

 初等段階　ドイツ語、数学

 前期中等段階　数学、自然科学

図表 3-1　ナショナルテストと国際学力調査の実施サイクル[94]

「クオリティ」概念は、評価とマネジメントの関係にパラダイム転換をもたらしたW.エドワーズ・デミングのTQM（Total Quality Management）アプローチに由来するといわれている[95]。TQCが現場レベルでの品質管理を中心にしていたのに対し、TQMは経営戦略までを含めたトータルな品質管理への活動を展開するものであるが、すべての関係者が品質管理に携わっていく精神に変わりはない。ドイツの質保証概念は、このトータル・クオリティマネジメントに由来する。

初等段階を対象にした2011年と2016年のナショナルテストを通して、教科ドイツ語の教育スタンダード（コンピテンシー領域：読む、聞く、正書法：書く）と教科数学の教育スタンダードの達成状況の経年比較が可能になった。中等段階では、2009年と2015年に実施されたナショナルテストを通して、教科ドイツ語と第一外国語（英語・フランス語）の教育スタンダードの達成状況の経年比較が、2012年調査と2018年に実施されたナショナルテストを通して、数学、生物、化学、物理の教育スタンダードの達成状況の経年比較が可能になった。

教育スタンダードの達成状況は、以下の3つの側面から比較・検証されている[96]。

1. 社会的背景の比較：コンピテンシーテストにおける高学力の子どもと低学力の子どもについて比較する。
2. 達成基準との照合による比較：ナショナルテストは、コンピテンシー段階モデル（Kompetenzstufenmodell）を達成基準として設定している。このコンピテンシー段階モデルは、5つの段階で構成される（図表3-3参照）最高位の第Ⅴ段階を「最適なスタンダード」、第Ⅳ段階を「標準スタンダードプラス」、第Ⅲ段階を「標準スタンダード」、第Ⅱ段階を「ミニマムスタンダード」とし、絶対評価としての目標機能を付与している。この達成基準のうちの第Ⅲ段階以上の水準への全員到達をめざし、最低でも第Ⅱ段階をクリアすることが求められている。当該州において、各コンピテンシー領域において何パーセントの児童生徒が習熟の目安になる第Ⅲ段階の「標準スタンダード」に到達しているかがモニタリングされる。

3．異なる時点間の学力の傾向性（トレンド）の比較：これは学力水準の推移を見とるものであり、特定の要因に曝された集団と曝されていない集団を追跡調査するコホート追跡研究を可能にする。

ナショナルテストの上記比較データは、ランキングの一覧形式で公表されるが、後述するように、教育モニタリング（マクロ・メゾ・ミクロの各水準での学力傾向の把握や診断）を可能にしているところが重要なポイントである。IQB 教育トレンド調査報告書では、教育モニタリングの立場からすると、実際には有意差がなかったり、ほんのわずかな差しかなかったりしても、ランキング順位のちがいに目が向けられることが少なくなく、ランキング形式には弊害が大きいことや、他州と比べてランキング順位が入れ替わることで「競争状態」に陥ることがないように注意を喚起している[97]。

第2節　教育スタンダードにおけるコンピテンシーの機能と特質

クリーメ鑑定書は、教育スタンダードについて、「一般的教育目標が把握され、特定の中心的な教育目標を達成するために、学校が特定の学年までに児童生徒に獲得させなければないコンピテンシーを指定したものである。…このコンピテンシーは、課題を設定し、テストによって確実に把握ができるように具体的に描かれている」[98]と説明されている。この説明からすると、教育スタンダードは、具体的な学習目標に置き換えることのできる教育目標、発達レベルを展望して児童生徒に累積的に習得することが求められるコンピテンシーを特定し、学習プロセスにおける学習状況（スタンダードの習熟度）をコンピテンシーテストによって実証的に検証するための基準を示している。

教育スタンダードにおいて、具体的に描かれる教育目標や達成水準はコンピテンシーによって具体化されているのであり、そのコンピテンシーが教育スタンダードの要として機能している。

コンピテンシーについては、わが国でも邦訳書『キー・コンピテンシー』[99]で知られるようになり、同書はコンテンツ（教育内容［何を学ぶのか］）・ベースのカリキュラムからコンピテンシー（資質・能力［何ができるようになるのか］）・ベースのカリキュラムへの転換のきっかけをつくったとされる。このDeSeCoプロジェクトにおいて中心的な役割を担ったヴァイネルトは、コンピテンシーを以下のように定義した。コンピテンシーとは、「所定の問題を解決するために、各人が自由自在に操作することができ、なおかつ習得することのできる認知能力と技能であるとともに、多種多様な状況において問題解決を効果的にかつ十分に責任を自覚して役立てるために、その認知能力及び技能と結合する動機や意欲、社会性である」[100]。ここでは認知能力や技能が動機・意欲・社会性と結びつくと説明され、個々の認知能力と技能が相互に結びつくことや、認知能力と非認知能力が輻輳的に網目状に結びついたものであるというコンピテンシー特有の能力観が示されている。このことをヴァイネルトは、「各人のコンピテンシーは、知識、能力、理解、技能、行為、経験、意欲のような網状に共振しあうファセット」だと説明した。

こうしたコンピテンシー概念などの新しい能力概念が有する複合的・輻輳的な機能性について松下佳代は、前述したように、要素主義的アプローチと統合的アプローチを区別したうえで、要素主義的アプローチとは、特定の目標を設定し、能力が「いったんばらばらに切り離された後に、組み合わされて全体を構成する」[101]ものであるとする。これに対し統合的アプローチの方は、ホリスティックアプローチとも呼ぶ。それは「内的属性としてさまざまな認知的・非認知的要素を含んでいるものの、それらをリスト化することに焦点があてられているわけではない」のであり、問題解決など「ある特定の文脈における要求に対して、それらの要素を結集して応答する能力こそがコンピテンス」であると説明した[102]。コンピテンシー概念は、暗記やドリルの反復学習で簡単に身につけることのできる、個別に切り離された知識・技能とは厳密に区別される必要があり、問題解決の文脈で生きて働く複合的・輻輳的な能力として発揮される豊かな学力観を基盤にしていることがわかる。

先のヴァイネルトの定義に対し、教育スタンダードにおけるコンピテンシーの定義は実用的に定められている。教科数学の教育スタンダードの例を示すと、「生徒たちが、作図・計算・証明において、とりわけピタゴラスの定理やタレスの定理を用いて、平面幾何の定理が活用できること」[103]とされている。この例がそうであるように、「できること（〜することができる）のマニフェストであり、…具体的な能力をキャン・ドゥ・ステイトメント（Can-do Statements）で書き表したものである」[104]と説明されている。

このキャン・ドゥ・ステイトメントは、何ができるようになるとよいのかを具体的に示すものであり、教師と児童生徒の双方にとって習得すべき能力をイメージするのに実用的（pragmatisch）である。つまり、キャン・ドゥ・ステイトメントは、教授・学習過程を経た後の学習成果をイメージできるように明示するところがポイントである。教育スタンダードがコンピテンシーを要にして定められているということは、コンピテンシーがどのように教授・学習に作用するものなのかという、コンピテンシーに期待されている機能についても取り上げる必要がある。

この点についてクリーメとロイトナーは、コンピテンシーが備えるべき5つの機能的特質を示している[105]。

第一に、コンピテンシーは習得できたり育成できたりするものであることを強調することで、所与の才能（Begabung）概念（＝生得説）に歯止めをかけることである。人の能力の発達可能性を再認識させることであり、これは教えがいや学びがいにつながる。

第二に、ドイツ語のコンペテント（kompetent）は、もともと学識や専門知識の豊富さを意味する言葉であるが、コンピテンシー概念の定義からこの言葉を「有能さ」（社会的・文化的・職業的な生活を豊かで有意義にする能力）と再定義し、インテリ教育や百科全書的教養教育といった歪んだ知識主義教育に歯止めをかけることである。

第三に、教科特有のキャン・ドゥ・ステイトメント[106)]で記述することで行動目標化することである。この記述の特性を有するスタンダードは、パフォーマンス・スタンダード（Performance Standards）と呼ばれる[107)]。学習者の能力記述に用いられるキャン・ドゥ・ステイトメントとは、到達すべき学習はどのような学習者の姿や行為（パフォーマンス）として具現化されるのか、その頭の働かせ方や知的操作性、振る舞い方などを具体的かつ方略的に記述することで、教授者と学習者の双方に教育目標（学習のねらい）や達成基準を明確にインプリメントすることができる。これには、学習者による主体的な学習を促進するためにも、学習者が自己の学習状況をアセスメントして学習を方略的に進めたり、課題に対する自己の取り組み方を振り返ったり、課題解決のために今の自分に何ができるのかを熟慮したりすることで、これから何ができるようになりたいか、そのために何をするべきかという学習へのメタ認知を促す働きも含まれる。

第四に、一定ではない文脈や状況であっても、そのちがいに適用して応用することができる柔らかい知性、活用可能な学力という特質である。

第五に、教科への関心などの意欲的な作用や達成不安などの情緒的な作用から「～することができる」を一旦は分離させることによる、認知的側面への焦点化という特質である。例えば、「楽しく○○することができる」、「意欲的に○○に取り組むことができる」では、学力の構成要素が明示化されていない。コンピテンシー概念は、学びとるべき学習要素の可視化や学習プロセスの展望性を重視しているのである。情意や意欲は軽視できないが、情意や意欲に偏重した学習の目標の設定には距離を置き、「何ができるようになるのか」に視座を高めることである。

第3節　コンピテンシー段階モデルとスタンダード・セッティングモデル

コンピテンシーモデルは、「コンピテンシー構造モデル（Kompetenzstrukturmodell）」と「コンピテンシー段階モデル（Kompetenzstufenmodell）」に大別することができる。前者のコンピテンシー構造モデルは、コンピテンシーの構成要素（学力の要素）を明示化するモデルであるのに対し、後者のコンピテンシー段階モデルはコンピテンシーの発達段階（学力の水準）を明示化し、テストの課題作成において難易度の表示を可能にするものである。

この段階モデルについて、パント、ベーメ、ケラーは、「一定期間を経て学力（Kompetenzdimension）がどのくらい変容したのかという問いは、コンピテンシーの発達の程度と結びついている」ことから、「第5学年から第10学年の期間に、個々の生徒のコンピテンシーの伸び具合を辿ろうとするならば、理にかなう発達段階モデルは是が非でも不可欠である」[108]と主張する。そう主張するのは、「前期中等教育段階において複合的なコンピテンシーを育成するには、初等教育段階において、子どもたちがどの程度の認知コンピテンシーを習得していなければならないか」[109]という、次の段階の教育活動へと円滑に橋渡しするための目安となる基準が欠かせないからである。

そのため2012年に実施されたナショナルテスト（州間比較調査）において設定された、コンピテンシー段階モデルを検討することとする。このナショナルテストは、数学と自然科学（生物・化学・物理）を対象に実施された。

ナショナルテスト2012では、試行調査により定められた尺度を第9学年の全生徒の得点に当てはめた。図表3-2のように、500ポイントをテストの中間値として、600ポイントを約84パーセントの達成率として区切り、中間値からこの範囲までを「中間層プラス」とした。400ポイントを約16パーセントの達成率として区切り、中間値の500ポイントからこの範囲までを「中間層マイナス」とした。このテスト基準において重要なのは、「この基準にし

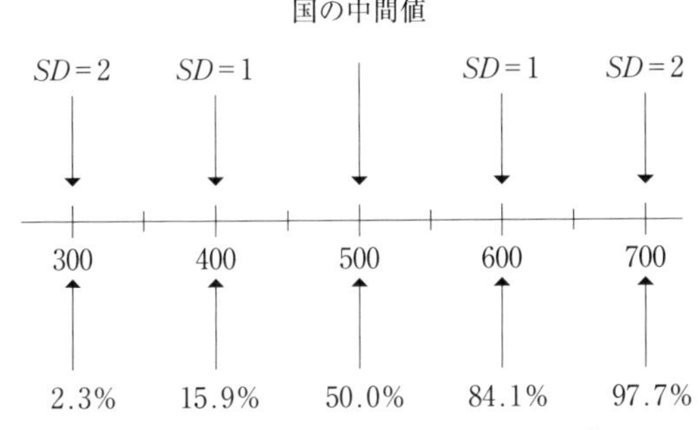

図表 3-2　ナショナルテストの尺度[110)]

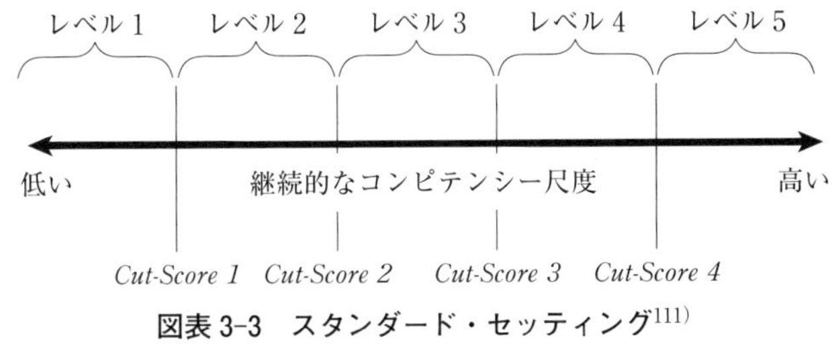

図表 3-3　スタンダード・セッティング[111)]

たがって各設問（アイテム）の難易度が表現される」[112)]ところである。この尺度では、難易度が低い簡単な設問では400ポイントを下回り、難易度の高い難しい設問では600ポイントを上回る。

この尺度に照らして、ちょうど600ポイントの難易度に相当するテスト課題があるとすると、600ポイント以上の学力を有するセクターに属する生徒はその問題を解ける確率は蓋然的に高くなる。当然のことながら、逆に600ポイント以下の学力を有するセクターに属する児童生徒がいるとすると、その児童生徒はその課題が解ける確率は蓋然的に低くなる。コンピテンシー段階モデルの特質は、テスト参加者の能力と各設問（アイテム）を共通の尺度に位置づけるところに見いだされる[113)]。このような尺度の設定を「スタンダード・セッティング（Standard-Setting）」と呼んでいる。この尺度は、

2009年に実施されたナショナルテスト（州間比較調査：言語）と国際学力調査（PIRLS／IGULU調査およびPISA調査）の取り決めに準拠したものである[114]。

スタンダード・セッティングは、カットスコアーでコンピテンシーの段階や水準を区分けする。教科教授学、テスト開発、教育実践、教育行政の専門家によりスタンダード・セッティングは実施された。これはカットスコアーで複数の分割点を設定する方法であり、ブックマーク法（Bookmark-Methode）もしくはアンゴフ法（Angoff-Methode）によりそれがなされている[115]。

第4節　PISA調査にしたがった習熟度レベルの設定

PISA調査では、読解力、数学的リテラシー、科学的リテラシーのそれぞれにおいて、生徒の得点と各テスト課題の難易度が同一の数直線で位置づけられる。ドイツのナショナルテストにおけるスタンダード・セッティング法（図表3-3参照）は、このPISA調査の尺度の考え方を用いている。習熟度レベルは、算出されたテストの得点を等間隔でレベル分けしたものであり、「得点が高い生徒ほど能力が高く、低い生徒ほど能力が低いことが分かるが、より具体的な『能力の中身』、つまりある点を取った生徒は何ができ、何ができないのか」が分かるように、「『習熟度レベル』を使って、あるレベルの生徒の特徴を同じレベルに含まれる問題の内容から説明する（特徴づける）」[116]ためのものである。

この習熟度レベルとは、「項目反応理論などで算出された得点を等間隔でレベル分けしたもの」[117]である。ここでいう項目反応理論（Item Response Theory）とは統計手法の一つであり、「PISA調査に代表される国際的な学力調査では、この項目反応理論を使って、異なる問題冊子に答えた『生徒の能力』を同一尺度で得点化している」[118]。この項目反応理論は、「一部の共通問題さえあれば得点を同一尺度にすることができる」[119]ため、PISAやドイツのナショナルテスト等では、日本の全国学力・学習状況調査と異なり、一部のテスト問題と例題を公開するだけですべての問題を公開しているわけではない。それは、一部の共通問題さえあれば、「過去の調査結果と現在の調査結果とを同一基準で比較できるように得点の調整」[120]をすることで、一つの数線上の位置で習熟度レベルを示せるからである。

PISA2012では13種類の問題フォーム（問題冊子）が、PISA2015ではコンピュータ使用型調査に全面的に切り替わったことから66種類の問題フォームが、PISA2018では36種類のテスト問題フォームが準備され、問題フォームごとにテスト問題や問題の配置が異なっている。PISA 調査では、生徒が異なる問題フォームに取り組んでいることが話題にされてきたが、それは項目反応理論に基づいて「同一基準で比較」できるように実施されているからである。なお、PISA2018では、読解力については既存の問題72問にコンピュータ使用型調査用に開発された新規の173問を加えた計245問が、数学的リテラシーについては既存の問題70問が、科学リテラシーについては既存の問題115問が用いられた[121]。

PISA2012では数学的リテラシーを中心分野として調査が行われたが、その数学的リテラシーと習熟度レベルとの関係はPISA の調査報告書で公開されている。それに基づくと、数学的リテラシーにおける習熟度レベルと生徒の得点域、問題の難易度と各レベルの生徒の学力レベルの特徴は以下の図表 3-4の通りである[122]。

なお、PISA2015における科学的リテラシーの習熟度別レベルでは、一つのレベルがおよそ75点の幅からなる８段階に分けられている[123]。

レベル 6 以上：708点以上
レベル 5　　：633点以上708点未満
レベル 4　　：559点以上633点未満
レベル 3　　：484点以上559点未満
レベル 2　　：410点以上484点未満
レベル 1a　 ：335点以上410点未満
レベル 1b　 ：261点以上335点未満
レベル 1c　 ：261点未満

図表 3-4　習熟度レベルと学力の特徴

問題の難易度	習熟度レベル	生徒の得点	学力レベルの特徴
「回転ドア」問2（840点） 「帆船」問3（702点）	レベル6以上	669点以上	複雑な問題場面において探究やモデル化を基に、情報を概念化し、一般化し利用できる。
「点滴の滴下速度」問1（658点） 「点滴の滴下速度」問2（632点）	レベル5	669点未満607点以上	複雑な場面でモデルを発展させ、使うことができる。
「マンションの購入」（576点） 「回転ドア」問3（561点）	レベル4	607点未満545点以上	複雑だが具体的な場面で、明示されたモデルを効果的に使うことができる。
「帆船」問2（539点） 「回転ドア」問1（512点） 「帆船」問1（511点） 「調味料」（489点）	レベル3	545点未満482点以上	連続的な計算などの明確に述べられた手順を実行できる。
「ヒットチャート」問3（428点）	レベル2	482点未満420点以上	直接的な推論を行うだけの文脈において、場面を解釈し認識できる。
「ヒットチャート」問2（415点）	レベル1	420点未満358点以上	情報がすべて与えられ、問いも明確な見慣れた場面で、問いに答えることができる。
「ヒットチャート」問1（348点）	レベル1未満	358点未満	

（国立教育政策研究所編 2013年、92ページに基づき筆者作成）

ある習熟度レベルに位置する生徒は、その習熟度レベルに対応する一連のテスト課題に少なくても平均で50パーセント以上正答し、それ以下の習熟度レベルの知識・技能はすべて身につけているとする[124)]。PISA 調査においては、「実生活と社会生活で効果的、生産的に科学的能力を発揮し始める習熟度レベルがレベル 2 であると判断されている。」[125)]これからすると PISA 調査の科学的リテラシーにおいては、レベル 2 とレベル 1a との間がリテラシーの境界点になっていると見られる。PISA 調査報告書で用いられている問題の難易度や生徒の能力を表す得点は、約3分の2の生徒が400点から600点の間に入るように、読解力ではPISA2000における参加27か国の平均得点が500、標準偏差が100になるように、数学的リテラシーではPISA2003調査における参加30か国の平均得点が500、標準偏差が100になるように、科学的リテラシーではPISA2006における参加30か国の平均得点が500、標準偏差が100になるように変換されている。これは、生徒の平均得点の経年変化を継続的に調査するために「2つの異なる時点で行われる調査の得点を同一尺度にすることが極めて重要」[126]だからである。

なお、読解力の習熟度レベルはPISA2018より9段階（レベル6以上、レベル5、レベル4、レベル3、レベル2、レベル1a、レベル1b、レベル1c、レベル1c未満）に変更された。ドイツのナショナルテストは、こうしたPISA調査の習熟度レベルの設定方法を適用することで経年的な学力水準の推移を示すエビデンスの獲得に成功している。

初等教育段階の教科ドイツ語（国語）の領域「正書法」におけるコンピテンシー段階は、IQBが2009年に実施したVERA-3によるパイロット研究を経て、スタンダード・セッティングの一環として開発された。ここで開発されたコンピテンシー段階モデルは、2010年末にKMKで了承された後、2011年実施のナショナルテスト（IQB州間比較テスト）に適用された。

2016年に実施されたナショナルテスト（IQB教育トレンド調査：教科ドイツ語の領域「正書法」）の結果を図表3-5のスタンダード・セッティングに適用したものが以下である[127]。

コンピテンシー段階Ⅰ：390ポイント未満
コンピテンシー段階Ⅱ：390ポイント以上464ポイント以下（ミニマムスタンダード）
コンピテンシー段階Ⅲ：465ポイント以上539ポイント以下（標準スタンダード）
コンピテンシー段階Ⅳ：540ポイント以上614ポイント以下（標準スタンダード＋）
コンピテンシー段階Ⅴ：615ポイント以上（最適スタンダード）

V

穴埋め文章
この課題において文章が読み上げられます。
いくつかの文章を挙げてありますが、どの文章も1語欠けています。
読み上げられた文章を聞いて欠けている言葉を書き込みましょう。

Claudia achtet auf gesunde ________________. (Ernährung)

615

穴埋め文章
この課題において文章が読み上げられます。
いくつかの文章を挙げてありますが、どの文章も1語欠けています。
読み上げられた文章を聞いて欠けている言葉を書き込みましょう。

Das Auto macht eine ________________. (Vollbremsung)

Ⅳ

理由を書く課題
なぜ gesund という言葉は d がついていて、t ではないのですか？

理由

____

____

540

Ⅲ

言葉の順序
以下の言葉をアルファベット順に整理し、正しい順番になるように番号を入れましょう。

____ Mond
____ Meter
____ Milch
____ Muster
____ Maus
__1__ Mama
____ Motor

465

Ⅱ

390

正しいか、それともまちがっているか？
どれが正しく、どれがまちがっていますか？
例のようにやってみましょう
正しい言葉をマルで囲み、まちがっている言葉を二重線で消しましょう。

例：　Der (Apfel) / ~~apfel~~ ist mir zu sauer.

Anton verkleidet sich als **Zwerg** / **Zwerk**.
Der kleine Vogel ist **flink** / **fling**.

Ⅰ

図表 3-5　教科ドイツ語・領域正書法のコンピテンシー段階モデルと課題例[128)]

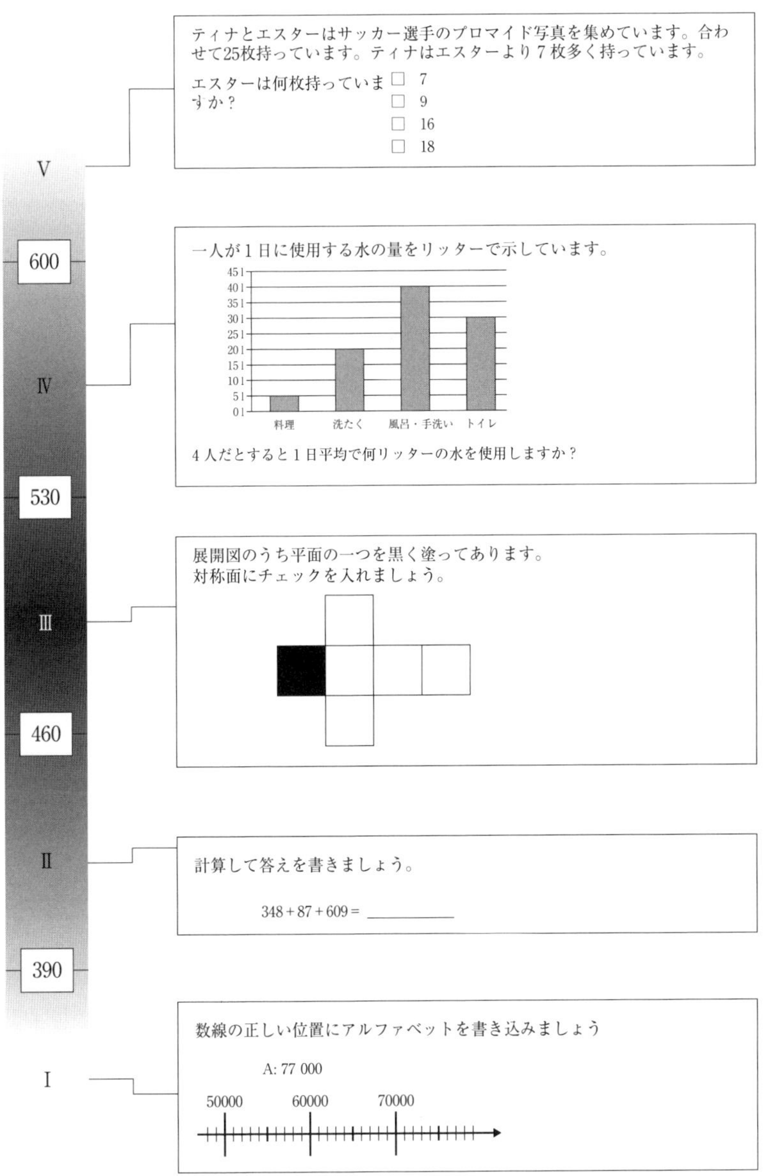

図表 3-6　教科数学のコンピテンシー段階モデルと課題例[129)]

第5節　ナショナルテスト（IQB教育トレンド調査）2016の実施方法

図表3-7　IQB教育トレンド調査2016報告書

ナショナルテスト2016は、2016年5月7日から7月15日までの期間で2日に分けて実施された。1日目にドイツ語と数学の学力調査、2日目に質問紙調査を実施してもよいし、順序を入れ替えて、初日に質問紙調査、2日目にドイツ語と数学の学力調査を行ってもよい。テストの実施責任者は、国際教育到達度評価協会（International Association for the Evaluation of Educational Achievement Hamburg：IEA Hamburg）において訓練を受けた専門スタッフが受けもつ。専門スタッフは実施概要の記されたポスターに基づき説明をしたり、例題を示してデモンストレーションを行ったりする。

ナショナルテストは抽出調査であり、同2016に参加した学校数はドイツ全体で約1500校、参加した児童数は約70万人の児童のうちの3万人弱である。

第4学年の児童のうち、特別支援学校への通学率は、ブレーメン州とシュレスヴィッヒ・ホルシュタイン州が0.6パーセント、ザクセン州では5.4パーセントであり、州によりかなりの差が生じている[130)]。特別支援学校への通学率が低い州ほど、一般校で特別な支援が必要な児童を受け入れているということであり、その分だけインクルージョンが浸透していることを意味する。ナショナルテスト2016は、一般校における特別に支援を必要とする児童を対象にするだけでなく、特別支援学校に通う児童も対象にしている。ただし、精神的発達障がい児、聴覚障がいや視覚障がいを有する児童、身体の発達障がいを有する児童、自閉の児童、ドイツ語で授業を受けた経験が1年未満の

図表 3-8　学力調査と質問紙調査の実施方法[131)]

時間	実施内容
15分間	着席、テスト問題の配布、児童生徒への説明
40分間	テスト実施（ドイツ語もしくは数学）
10分間	休憩
40分間	テスト実施（ドイツ語もしくは数学）
10分間	休憩
5分間	児童生徒への質問紙の書き方（1日目）、または基礎的な認知能力テスト（2日目）の受け方に関する指導
30分間	児童生徒への質問紙への記入（1日目）、または基礎的な認知能力テスト（2日目）の実施
5分間	質問紙の回収

児童は調査対象から外れている。「特別支援学校（Förderschule）の場合、“学習”、“言語”、“情意的・社会的発達”に支援の重点が置かれているかどうか、原則として、自分でテストに取り組める状態にあるかどうかを考慮して、当該児童を参加させるかどうかは、学校でどのような教育実践が行われているか」[132)]により判断される。

第6節　ナショナルテストの経年比較

ナショナルテスト2021は、初等段階第4学年の児童に対し、ドイツ語（国語）と数学を対象に実施された。最新のナショナルテスト2021の報告書には、過去に実施された同2011、同2016、同2021の経年的な学力の推移が示された（図表3-10参照）。正書法（書く）についてのみ2016年と2021年の比較である。2011年から2021年にかけて全体的に学力は低下傾向を示しており、特に、教科「ドイツ語」では、すべてのコンピテンシー領域において2021年の平均学力は大幅に低下している。1年間に期待される学習成長率（Lernzuwachs）と比較すると、読む能力の低下は1学年の約3分の1、聞く能力の低下は1学年の半分、正書法（書く）能力の低下は1学年の4分の1に相当するとさ

図表 3-9　IQB 教育トレンド調査2016の抽出児童数・学校数

州	児童の抽出数	抽出校数	GS	IGS	FrW	FS
BW	1555 (97205)	87	76	2	0	9
Bayern	1773 (109328)	90	80	0	0	10
Berlin	3048 (27888)	146	130	6	0	10
Brandenburg	1549 (19908)	77	69	2	0	6
Bremen	1859 (5464)	94	94	0	0	0
Hamburg	2325 (15026)	118	112	0	0	6
Hessen	1649 (53559)	90	82	1	1	6
MV	1842 (12615)	92	88	0	0	4
Niedersachsen	1549 (74212)	84	80	0	0	4
NRW	2300 (158844)	108	94	0	0	14
RP	1564 (34001)	93	87	0	0	6
Saarland	1750 (7432)	88	82	0	0	6
Sachsen	1796 (32157)	89	83	0	0	6
SA	1381 (16443)	78	72	0	0	6
SH	1740 (24828)	86	84	0	0	2
Thüringen	1579 (16486)	88	82	0	0	6
ドイツ全体	29259 (705396)	1508	1395	11	1	101

※児童の抽出数欄の括弧内は、州の第4学年児の総数
※GS：基礎学校、IGS：統合型総合制学校、FrW：自由ヴァルドルフ学校、FS：特別支援学校
(IQB-Bildungstrend 2016, S. 93, 96に基づき筆者作成)

れている[133]。長期的な変化を見ることができる読む能力と聞く能力のコンピテンシー領域では、2011年から2016年にかけてすでに学力の低下傾向が見られていたが、2016年から2021年にかけてその傾向は明らかに顕著さを増している。

能力スコアの分散は、2011年から2016年にかけて、「読む」と「聞く」では大きな変化は見られなかったものの、2021年のコンピテンシー領域「読

む」能力は $SD=107$点、同「聞く」能力は $SD=121$点、同正書法（書く）能力は $SD=109$点であり、2011年・2016年に比べて有意に大きいと説明されている[134]。

数学においても、2011年以降の平均的な学力は低下の一途をたどっている。2021年の数学の結果は、１学年の約４分の１分の能力の低下に相当すると評価されている[135]。2021年の数学の能力スコアの分散は $SD=112$点であり、2016年や2011年に比べてより大きくなっているが、2011年から2016年にかけて、すでに $SD=105$ポイントまで分散が進んでいたと報告されている[136]。

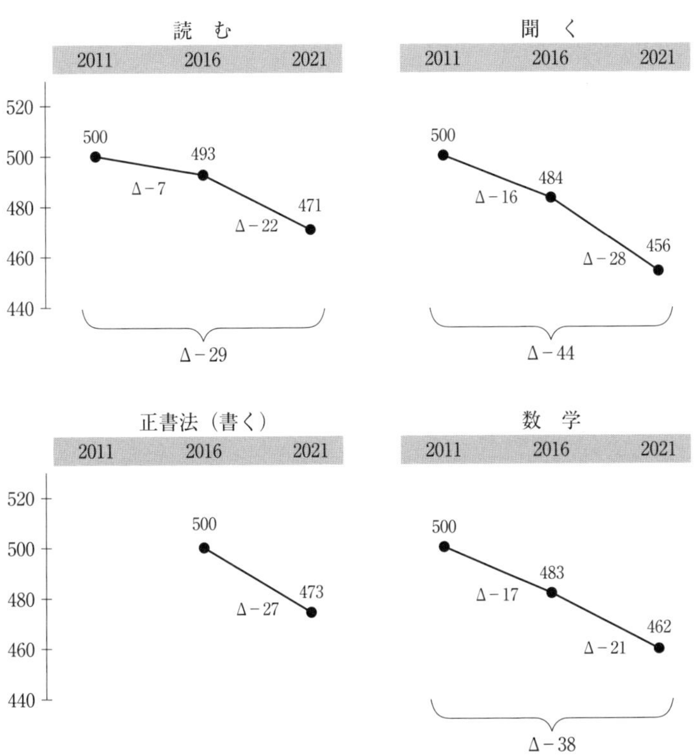

図表 3-10　ナショナルテストにおける学力の推移[137]

第7節　ナショナルテストの結果と質問紙調査

1　調査結果の州へのフィードバック：可視化した視覚データの提供

継続的なコンピテンシーの尺度として機能するスタンダード・セッティング法を用いると、ナショナルテストにより、各州間の学力格差はどのように経年的に把握できるのだろうか。これについて、ナショナルテスト2016の教科ドイツ語の領域「正書法」の結果に基づき、各州にフィードバックされるデータをみていくことにする。

図表3-11は、コンピテンシー段階モデルに基づく各州の児童の到達度の状況がはっきりと判るようにグラフで可視化されている。

領域「正書法」では、バイエルン州とザールラント州が上位を占めている。バイエルン州はミニマムスタンダード（コンピテンシー段階Ⅱ）に到達していない児童の割合は12.5パーセントであり、全16州のうち最も低かった。他方、最適のスタンダードに到達した児童の割合、すなわち、優秀児の割合は、ザールラント州の方がバイエルン州よりもやや高く16.2パーセントであった。標準スタンダード以上に到達した児童の割合は、コンピテンシー段階Ⅲ（標準スタンダード）・同Ⅳ（標準スタンダードプラス）・同Ⅴ（最適スタンダード）に分けてその合計として示されている。標準スタンダード（コンピテンシー段階Ⅲ）以上に児童の半数以上が到達している州は、16州のうち11州であり、残りの5州は半数以上の児童がこの標準とされる水準に到達していない。最も下位に位置するブレーメン州のケースでは、標準スタンダード以上に到達している児童の割合は30パーセント強であり、ミニマムスタンダード以下の児童はおよそ3分の2を占める（ミニマムスタンダードにすら到達していない児童の割合は約40パーセント）。

下位グループに位置しているのは、下から順にブレーメン州、ベルリン州、ニーダーザクセン州、ハンブルク州の4州である。この4州はいずれも北部に位置する州であり、そのうちの3州が都市州である。深刻なのは、ブレー

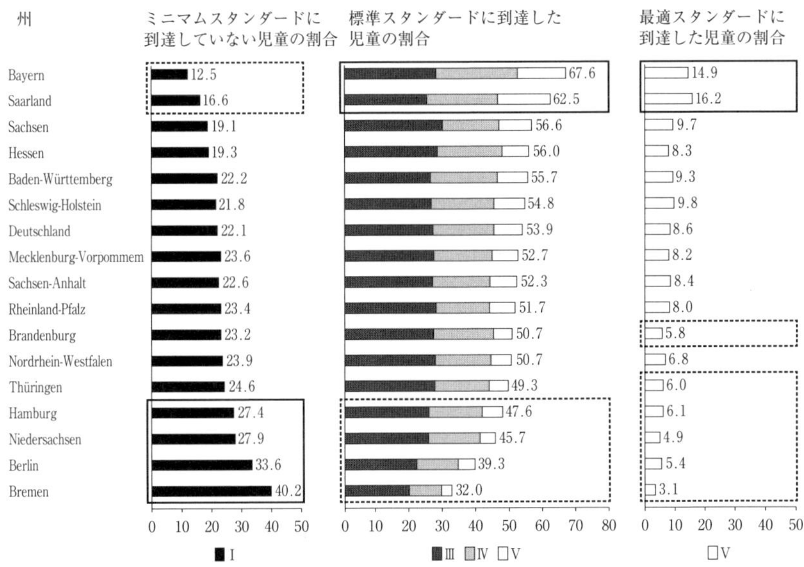

図表 3-11　教育トレンド調査2016　教科ドイツ語の領域「正書法」の結果[138)]

メン州では４割強の児童、ベルリン州では約３分の１の児童がミニマムスタンダード（コンピテンシー段階Ⅱ）にすら到達しておらず、コンピテンシー段階Ⅰに属していることである。バイエルン州とブレーメン州との間でミニマムスタンダードに到達していない児童の割合を比べると、約30パーセントもの差があり、最低限の学力保障という面から見ると、明らかに地域間で学力格差が生じている。ブレーメン州の場合にはミニマムスタンダードに到達していない児童の割合と、ミニマムスタンダードまでは到達したが標準スタンダードにまでは到達していない児童の割合を足すと７割近くに及んでいる。標準スタンダードに到達した児童の割合が半数に遠く及ばない学力状況は、かなり深刻であるといえよう。社会文化経済的格差と並び、ドイツの場合には地域間での学力格差が生じており、どの地域に居住するかによる学力格差の原因は、真摯に分析されるべきところである。

次に教科「ドイツ語」の2011年調査と2016年調査の結果の比較データをグラフで可視化したものが図表3-12である。先に説明した通り、初等教育段階のナショナルテスト（教育トレンド調査、2012年まで州間比較調査と呼ばれていた）は5年毎に実施される。

比較データは、話す能力を除いた、読む、聞く、正書法（書く）の3技能についてである。16州を概観すると全体的にドイツ語（国語）の学力は低下傾向にある。ここで認識しておくべきことは、各テスト問題はスタンダー

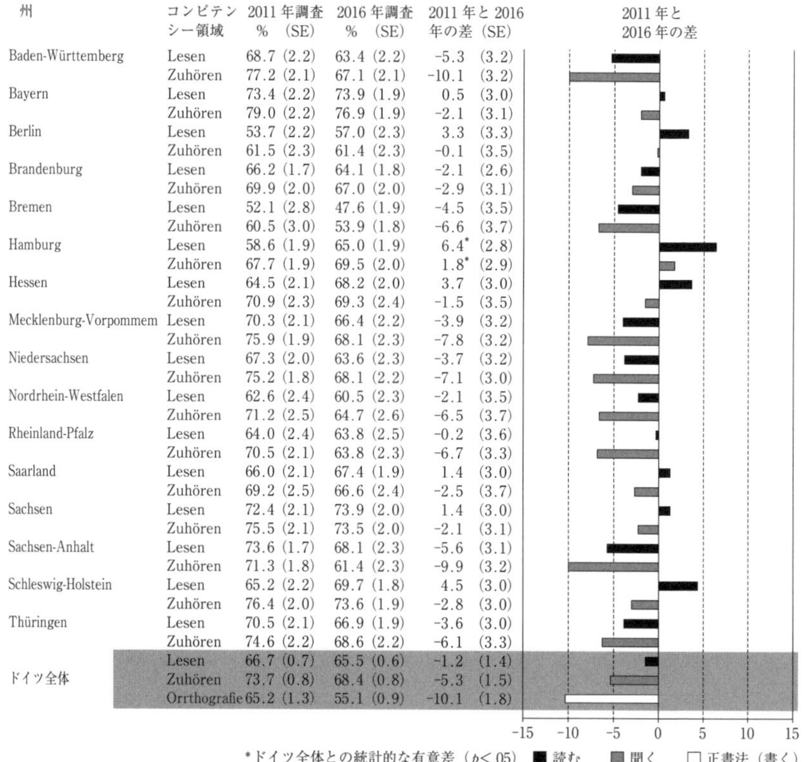

州	コンピテンシー領域	2011年調査 % (SE)	2016年調査 % (SE)	2011年と2016年の差 (SE)
Baden-Württemberg	Lesen	68.7 (2.2)	63.4 (2.2)	-5.3 (3.2)
	Zuhören	77.2 (2.1)	67.1 (2.1)	-10.1 (3.2)
Bayern	Lesen	73.4 (2.2)	73.9 (1.9)	0.5 (3.0)
	Zuhören	79.0 (2.2)	76.9 (1.9)	-2.1 (3.1)
Berlin	Lesen	53.7 (2.2)	57.0 (2.3)	3.3 (3.3)
	Zuhören	61.5 (2.3)	61.4 (2.3)	-0.1 (3.5)
Brandenburg	Lesen	66.2 (1.7)	64.1 (1.8)	-2.1 (2.6)
	Zuhören	69.9 (2.0)	67.0 (2.0)	-2.9 (3.1)
Bremen	Lesen	52.1 (2.8)	47.6 (1.9)	-4.5 (3.5)
	Zuhören	60.5 (3.0)	53.9 (1.8)	-6.6 (3.7)
Hamburg	Lesen	58.6 (1.9)	65.0 (1.9)	6.4* (2.8)
	Zuhören	67.7 (1.9)	69.5 (2.0)	1.8* (2.9)
Hessen	Lesen	64.5 (2.1)	68.2 (2.0)	3.7 (3.0)
	Zuhören	70.9 (2.3)	69.3 (2.4)	-1.5 (3.5)
Mecklenburg-Vorpommem	Lesen	70.3 (2.1)	66.4 (2.2)	-3.9 (3.2)
	Zuhören	75.9 (1.9)	68.1 (2.3)	-7.8 (3.2)
Niedersachsen	Lesen	67.3 (2.0)	63.6 (2.3)	-3.7 (3.2)
	Zuhören	75.2 (1.8)	68.1 (2.2)	-7.1 (3.0)
Nordrhein-Westfalen	Lesen	62.6 (2.4)	60.5 (2.3)	-2.1 (3.5)
	Zuhören	71.2 (2.5)	64.7 (2.6)	-6.5 (3.7)
Rheinland-Pfalz	Lesen	64.0 (2.4)	63.8 (2.5)	-0.2 (3.6)
	Zuhören	70.5 (2.1)	63.8 (2.3)	-6.7 (3.3)
Saarland	Lesen	66.0 (2.1)	67.4 (1.9)	1.4 (3.0)
	Zuhören	69.2 (2.5)	66.6 (2.4)	-2.5 (3.7)
Sachsen	Lesen	72.4 (2.1)	73.9 (2.0)	1.4 (3.0)
	Zuhören	75.5 (2.1)	73.5 (2.0)	-2.1 (3.1)
Sachsen-Anhalt	Lesen	73.6 (1.7)	68.1 (2.3)	-5.6 (3.1)
	Zuhören	71.3 (1.8)	61.4 (2.3)	-9.9 (3.2)
Schleswig-Holstein	Lesen	65.2 (2.2)	69.7 (1.8)	4.5 (3.0)
	Zuhören	76.4 (2.0)	73.6 (1.9)	-2.8 (3.0)
Thüringen	Lesen	70.5 (2.1)	66.9 (1.9)	-3.6 (3.0)
	Zuhören	74.6 (2.2)	68.6 (2.2)	-6.1 (3.3)
ドイツ全体	Lesen	66.7 (0.7)	65.5 (0.6)	-1.2 (1.4)
	Zuhören	73.7 (0.8)	68.4 (0.8)	-5.3 (1.5)
	Orrthografie	65.2 (1.3)	55.1 (0.9)	-10.1 (1.8)

図表3-12　教科ドイツ語における2011年調査と2016年調査の比較（標準スタンダードへの到達率）[139]

ド・セッティング法を用い、難易度が定められていることから経年比較を可能にしていることである。

図表3-12に示されているように、ドイツ全体のドイツ語力（国語力）についてみると、ナショナルテスト2011と比較して同2016では「読む」能力はわずかにすぎないが、「聞く」能力は5パーセント強、「正書法（書く）」の能力は約10パーセント低下している。「聞く」能力では、バーデン・ヴュルテンベルク州とザクセン・アンハルト州がマイナス10パーセント、メクレンブルク・フォアポンメルン州が8パーセント、ニーダーザクセン州とラインラント・プファルツ州がそれぞれ7パーセントマイナスと低調であった。この学力のトレンドからして、2018年に実施されるPISA調査（国際学力調査）において、ドイツの生徒の読解力の結果が下がることが予測されるところであったが、図表1-1の通り、実際にPISA2015ではドイツの生徒の読解力の得点が509点であったものが、PISA2018では498点に低下した。

2011年との比較で比較的大きな伸びをみせているのは、ハンブルク州の「読む」能力と「聞く」能力、シュレスヴィッヒ・ホルシュタイン州とヘッセン州とベルリン州の「読む」能力である。ナショナルテスト2016（教育トレンド調査）では、図表3-11の結果から州を比較すると、都市州は極めて低調であったと解説したが、それは相対比較の結果についてである。スタンダード・セッティング法に基づく同一州内の経年比較の結果でいえば、特にハンブルク州は、教科「ドイツ語」の学力はかなりの改善に向かっているといえる。

図表3-13は、各州における「読む」能力と「聞く」能力、ドイツ全体ではそれらに「正書法（書く）」の能力に対し、ミニマムスタンダード（コンピテンシー段階Ⅱ）に到達していない児童の数の増減をナショナルテスト2011と同2016で比較した一覧である。最低限の学力保障レベルを意味するミニマムスタンダードにすら到達していない児童の割合を「読む」能力と「聞く」能力の両方で減らしている州は1州もない。これはこのコンピテンシー領域

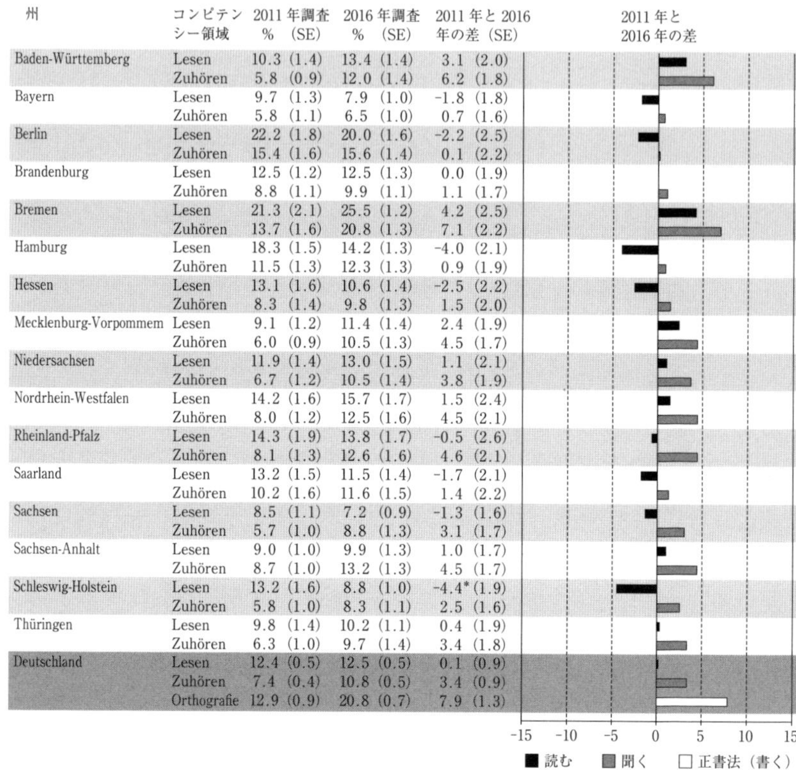

州	コンピテンシー領域	2011年調査 % (SE)	2016年調査 % (SE)	2011年と2016年の差 (SE)
Baden-Württemberg	Lesen	10.3 (1.4)	13.4 (1.4)	3.1 (2.0)
	Zuhören	5.8 (0.9)	12.0 (1.4)	6.2 (1.8)
Bayern	Lesen	9.7 (1.3)	7.9 (1.0)	-1.8 (1.8)
	Zuhören	5.8 (1.1)	6.5 (1.0)	0.7 (1.6)
Berlin	Lesen	22.2 (1.8)	20.0 (1.6)	-2.2 (2.5)
	Zuhören	15.4 (1.6)	15.6 (1.4)	0.1 (2.2)
Brandenburg	Lesen	12.5 (1.2)	12.5 (1.3)	0.0 (1.9)
	Zuhören	8.8 (1.1)	9.9 (1.1)	1.1 (1.7)
Bremen	Lesen	21.3 (2.1)	25.5 (1.2)	4.2 (2.5)
	Zuhören	13.7 (1.6)	20.8 (1.3)	7.1 (2.2)
Hamburg	Lesen	18.3 (1.5)	14.2 (1.3)	-4.0 (2.1)
	Zuhören	11.5 (1.3)	12.3 (1.3)	0.9 (1.9)
Hessen	Lesen	13.1 (1.6)	10.6 (1.4)	-2.5 (2.2)
	Zuhören	8.3 (1.4)	9.8 (1.3)	1.5 (2.0)
Mecklenburg-Vorpommem	Lesen	9.1 (1.2)	11.4 (1.4)	2.4 (1.9)
	Zuhören	6.0 (0.9)	10.5 (1.3)	4.5 (1.7)
Niedersachsen	Lesen	11.9 (1.4)	13.0 (1.5)	1.1 (2.1)
	Zuhören	6.7 (1.2)	10.5 (1.4)	3.8 (1.9)
Nordrhein-Westfalen	Lesen	14.2 (1.6)	15.7 (1.7)	1.5 (2.4)
	Zuhören	8.0 (1.2)	12.5 (1.6)	4.5 (2.1)
Rheinland-Pfalz	Lesen	14.3 (1.9)	13.8 (1.7)	-0.5 (2.6)
	Zuhören	8.1 (1.3)	12.6 (1.6)	4.6 (2.1)
Saarland	Lesen	13.2 (1.5)	11.5 (1.4)	-1.7 (2.1)
	Zuhören	10.2 (1.6)	11.6 (1.5)	1.4 (2.2)
Sachsen	Lesen	8.5 (1.1)	7.2 (0.9)	-1.3 (1.6)
	Zuhören	5.7 (1.0)	8.8 (1.3)	3.1 (1.7)
Sachsen-Anhalt	Lesen	9.0 (1.0)	9.9 (1.3)	1.0 (1.7)
	Zuhören	8.7 (1.0)	13.2 (1.3)	4.5 (1.7)
Schleswig-Holstein	Lesen	13.2 (1.6)	8.8 (1.0)	-4.4* (1.9)
	Zuhören	5.8 (1.0)	8.3 (1.1)	2.5 (1.6)
Thüringen	Lesen	9.8 (1.4)	10.2 (1.1)	0.4 (1.9)
	Zuhören	6.3 (1.0)	9.7 (1.4)	3.4 (1.8)
Deutschland	Lesen	12.4 (0.5)	12.5 (0.5)	0.1 (0.9)
	Zuhören	7.4 (0.4)	10.8 (0.5)	3.4 (0.9)
	Orthografie	12.9 (0.9)	20.8 (0.7)	7.9 (1.3)

図表 3-13　教科ドイツ語における2011年調査と2016年調査の比較（ミニマムスタンダードへの未到達児童数の変化）[140]

に対する低学力児へ対応が進んでいないことを意味する。ドイツ全体で見ると、「読む」能力には有意な差はないが、「聞く」能力で3パーセント、「正書法（書く）」能力で8パーセント増加させており、最低限の学力保障の問題は深刻化の度合いが増していることがわかる。州間の比較では高い学力レベルにあるわけではないが、シュレスヴィッヒ・ホルシュタイン州とハンブルク州の「読む」能力は改善に向かっている。

2　質問紙調査のねらいと対象

ナショナルテストでは、児童生徒の学習背景を多角的に把握するための質問紙調査も行われる。対象は児童生徒、親、教師、学校管理職であり匿名性が保証されている。質問紙では、性差、社会的格差、移民背景、学校内や学校外における教育機会等を尋ねる問いが設定されている。

この質問紙調査への回答については、回答が義務づけられている、部分的に義務づけられている、回答者の判断に委ねられているというように、州により対応が異なる（図表3-14参照）。メクレンブルク・フォアポンメルン州では、公立学校、私立学校等を問わず児童生徒、教師、学校管理職のいずれも回答が義務づけられている一方、バーデン・ヴュルテンベルク州、バイエルン州、ザクセン州、シュレスヴィッヒ・ホルシュタイン州では、いずれも自由回答であり、回答者の判断に委ねられている。また、チューリンゲン州では、公立学校の場合、児童生徒、教師、学校管理職のいずれにも回答義務が課せられているが、私立学校等では学校もしくは法人等に判断が委ねられている。ノルトライン・ヴェストファーレン州では、公立学校の教師と学校管理職のみに回答義務が課せられている。質問紙調査への参加義務は、文化主権の原則に従い各州の判断に委ねられている。

生徒の回答に自由参加の措置をとる州の場合、回答には親の承諾を必要とする。図表 に付された印で、円が白黒で塗り分けられている印は部分的な参加義務を課していることを指す。この場合の部分的な参加義務とは、学校や授業に関連する項目には回答義務が課せられていて、社会経済文化的背景や移民背景等、個人の学習背景に関する項目は自由回答であることを意味している。ベルリン州では、公立学校の児童生徒に部分的な参加義務が課せられているが、同州では例外的に質問紙の第3項目までの回答が義務づけられている。同州の私立学校等の児童生徒の回答は自由参加となっているが、児童生徒が自由意志で回答する場合にも親の承諾が求められている。ハンブルクの場合も例外適用が定められており、教師と学校管理職の回答は部分的な

州	児童生徒の質問紙 公立学校	児童生徒の質問紙 私立学校	教師・学校管理職の質問紙 公立学校	教師・学校管理職の質問紙 私立学校等
Baden-Württemberg	○	○	○	○
Bayern	○	○	○	○
Berlin	◑	○	◑	○
Brandenburg	●	○	●	○
Bremen	●	●	◑	◑
Hamburg	○	○	◑	◑
Hessen	●	○	◑	○
Mecklenburg-Vorpommem	●	●	●	●
Niedersachsen	●	○	●	○
Nordrhein-Westfalen	○	○	●	○
Rheinland-Pfalz	○	○	◑	○
Saarland	○	○	◑	○
Sachsen	○	○	○	○
Sachsen-Anhalt	●	●	●	●
Schleswig-Holstein	○	○	○	○
Thüringen	●	学校か学校法人等が決める	●	学校か学校法人等が決める

● 回答義務有り
◑ 部分的に回答義務有り
○ 自由回答

図表 3-14　質問紙への回答に関する参加義務[141)]

参加が義務づけられているが、同州のケースでは教師は自由回答であるが、学校管理職には部分的に回答義務が課されている[142)]。

3　児童生徒への質問紙調査

児童生徒用の質問紙は、回答者である児童生徒の個人的属性に関するもの（性別、年齢、生誕国等）、家庭状況に関するもの（親の出生国、家庭における使用言語等）、学校における学習機会（授業や学習風土等）や子どもたちの特性（教科への関心、学習への喜び、学級における社会的な結びつき、同級生への態度等）に関するものの4種類からなる。特別な支援を必要とする児童生徒に対しては、

図表 3-15　児童用質問紙

パイロット研究を実施し、その結果に基づいて質問項目数を限定するとともに、言語の理解度に配慮した質問紙が用意されている[143]。児童生徒に回答義務が課せられていない州では、データ保護法の観点から、事前に児童生徒の親に質問紙への回答に了解を得ることを計画に組み込む必要がある。親からの了解が得られない場合には、児童生徒に回答させない措置をとる。

2011年のナショナルテストは第４学年の児童を対象に実施された。その時の児童対象の質問紙調査では、大きくａ）「あなたについて」、ｂ）「あなたとあなたの家族、家庭について」、ｃ）「学校と授業について」、ｄ）「あなたとあなたの学級について」の４つに区分された合計23の質問項目に回答するようになっていた[144]。

ａ）「あなたについて」の区分では５項目に回答する。まず性別と生まれた年月に回答したのち、「どの国で生まれましたか？」の質問に対し、回答項目ではドイツ、イタリア、ポーランド、ロシア、トルコ、他の国にチェックを入れるようになっている。その他の国にチェックした場合、どの国かを記述することが求められている。次に、「生まれた国がドイツでない場合、ドイツに来てから何年になりますか？」の質問に対し、その年数を記入する。この区分の最後は、「何歳で学校に入学しましたか？」の質問に対し、5-8歳までの該当する年齢にチェックを入れて回答する質問項目になっている。

b）「あなたとあなたの家族、家庭について」の区分では12項目に回答する。まず、「家庭では誰と一緒に暮らしていますか？」の質問に対し、母親、義母か父親の女性パートナーもしくは男性パートナー、父親、義父か母親の男性パートナーもしくは女性パートナー、兄弟姉妹、祖父母、上記以外の人の項目が示され、「はい」か「いいえ」かのどちらかにチェックを入れて回答する。次に、「あなたの親はどの国で生まれましたか？」の質問に対し、自身の生誕国と同様に、回答項目ではドイツ、イタリア、ポーランド、ロシア、トルコ、他の国にチェックを入れるようになっている。その他の国にチェックした場合、どの国かを記述することが求められている。

この質問項目に回答したのち、家庭で話される言語に関する質問項目が用意されている。その質問は、「学校に入学する前はどの言葉を話していましたか？」（もし同時に複数の言葉を話していたら、より多く話していた言葉にチェックを入れましょう）であり、ドイツ語、ボスニア語、ギリシャ語、イタリア語、クロアチア語、ポーランド語、ロシア語、セルビア語、トルコ語、その他の言葉にチェックを入れるようになっている。その他の言葉にチェックした場合、どの言葉かを記述することが求められている。その次は、「母語がドイツ語でない場合、いつドイツ語を習い始めましたか？」に回答するものであり、小さい子どものころ（おおよそ1-3歳くらいのとき）、幼稚園のころ（おおよそ4-5歳くらいのとき）、小学校に入学してから（おおよそ6-9歳くらいのとき）のどれかにチェックを入れる。

家庭で話される言語については、詳しい実態を調査するためにさらに2つの質問項目が設定されている。まず、「家庭ではドイツ語をどのくらい話しますか？」という質問項目である。この質問に対し、家庭ではドイツ語をいつもかほぼいつも話す、家庭ではドイツ語を時々話すが他の言葉も話す、家庭ではドイツ語をまったく話さない、のいずれかにチェックを入れる。これに続いて、「次に挙げる人とはどのくらいドイツ語を話しますか？」（兄弟姉妹がいないなど回答できない場合には、該当しないにチェックを入れてください）の質問に対し、まったくない・ほぼない、まれに、ときどき、いつも・ほぼいつも、該当しない、のいずれかにチェックを入れて回答する。ドイツ語を話す対象者として示されているのは、母親、義母・父親の女性パートナー・男性パートナー、父親、義父・母親の男性パートナー・女性パートナー、兄弟姉妹、母方の祖父母、父方の祖父母、親しい男友だち・女友だち、休憩時間に同じクラスの人、近所の子どもたち、スポーツクラブ等の子どもたち、である。

家庭における蔵書数や「読むこと」に関する学校外での過ごし方への質問が続く。

家庭における蔵書数では、家庭全般の蔵書数ではなく、児童自身が所有する本に限定されている。「家庭であなたの本はおおよそ何冊ほどありますか」の質問に対し、ない・ほとんどない（0-10冊）、本棚一段分くらい（11-25冊）、本棚一つ分くらい（26-100冊）、本棚二つ分くらい（101-200冊）、本棚三つ分以上（200冊以上）のいずれかにチェックを入れる。このチェック欄には棚や本棚の絵が添えられていて、視覚的に捉えられるようにしてある（図表3-16参照）。

学校外での過ごし方に関する質問項目では、まず、「あなたは学校にいるとき以外で平日にどのくらいの時間、読書をしますか？」の質問に対し、30分未満、30分から１時間の間、１時間から２時間の間、２時間以上のいずれかの回答欄にチェックを入れる。次に、「学校以外で以下のことをどのくらいやっていますか？」の質問に対し、楽しいから読書をします、自分で何かを調べたり見つけたりしたりしたいから読書をします、学ぶことが好きだから知識を得るために読書をします、という３項目が用意され、まったくない・ほぼない、月に１・２回程度、週に１・２回程度、毎日かほぼ毎日のい

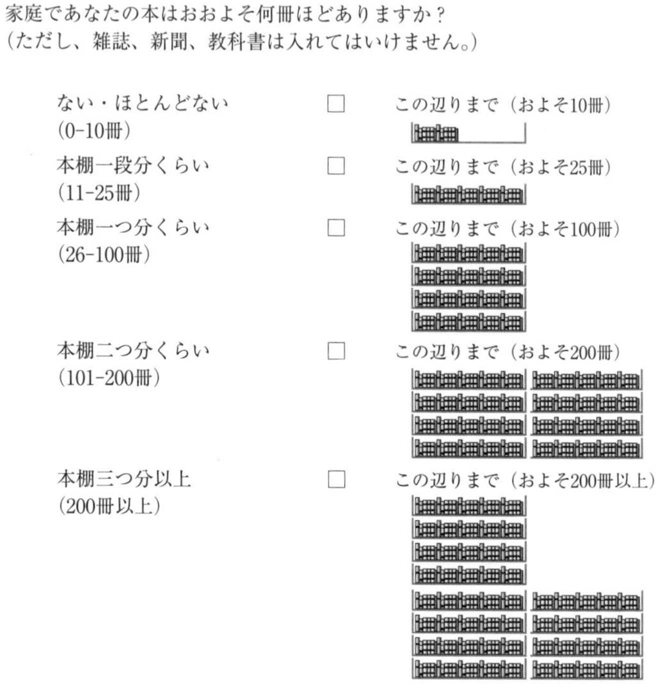

家庭であなたの本はおおよそ何冊ほどありますか？
（ただし、雑誌、新聞、教科書は入れてはいけません。）

ない・ほとんどない （0-10冊）	□	この辺りまで（およそ10冊）
本棚一段分くらい （11-25冊）	□	この辺りまで（およそ25冊）
本棚一つ分くらい （26-100冊）	□	この辺りまで（およそ100冊）
本棚二つ分くらい （101-200冊）	□	この辺りまで（およそ200冊）
本棚三つ分以上 （200冊以上）	□	この辺りまで（およそ200冊以上）

図表3-16　ナショナルテスト第4学年児童用質問紙の一部

ずれかにチェックを入れて回答する。さらに、「あなたは学校以外で以下のもの（印刷されたものや電子書籍・電子画面を含む）を読みますか？」の質問に対し、物語や小説、何かを説明している本（自分が好きなスポーツ選手、動物、訪れたい場所などに関するもの）、雑誌、漫画、新聞、手引書や取り扱い説明書（おもちゃの組み立て説明書、ゲームやおもちゃの取り扱い説明書など）の項目に対し、前項目と同じように、まったくない・ほぼない、月に1・2回程度、週に1・2回程度、毎日かほぼ毎日のいずれかにチェックを入れて回答する。

次に続く質問項目は、「読むことについてあなたはどう思いますか？」である。この質問項目に対し6つの下位質問項目が設定され、それぞれの項目に対し、４件法（まったくそうは思わない、ややそう思わない、ややそう思う、とてもそう思う）で回答する。６つの下位項目とは、読まなければいけない時にだけ読む、読んだことについて誰かに話すことが好きである、誰かが自分に本をプレゼントしてくれたらうれしい、読むことは退屈だ、もっと時間にゆとりがあったら読むと思う、読むことが好きである、になっており、読書や何かを読むことに対する子どもたちの印象を明らかにする項目になっている。

「あなたとあなたの家族、家庭について」の最後の項目は、「あなたはインターネットを使ってどのくらいの頻度で以下のことをやっていますか？」、という質問である。この質問に対し、メールの受信・送信、チャットルームへのアクセス、インターネット・メッセージの利用、インターネット上で他の人といっしょにゲームをすること、ネット上のバーチャル空間で時を過ごすこと、の５項目が設定されている。この５項目それぞれに、知らない、まったく・ほとんど利用したことがない、月に１・２回程度利用する、週に１・２回程度利用する、毎日・ほぼ毎日利用する、のいずれかにチェックを入れて回答する。

ｃ）「学校と授業について」の区分では５項目に回答する。この区分で最初の質問項目は、「あなたはどのくらいすらすらと読めますか？」であり、読むときの状況が７種類示されている。通常、私はすらすら読める、読むことは自分にはとても簡単なことに思える、自分のクラスの友だちよりも劣っているように思える、興味のある本だったら、どんなに読むのが難しい本でも構わない、難しい言葉が出てくる物語を読むことは辛く感じる、自分の先生は私がよく読めると言ってくれる、読むことは他の教科の勉強よりも難しく感じられる、というものである。これらの質問項目に対し、「まったくそうは思わない」から「とてもそう思う」までの４件法で回答する。次の質問項目は、「以下のことにどのくらいそうだと思いますか？」の問いに対し、「教科ドイツ語の自分の成績に満足している」、「教科ドイツ語の成績を良くするには、他の教科よりももっと時間をかけて学ぶ必要がある」、「教科ドイツ語で学ばなければならないことのたいていのことは理解できている」、「教科ドイツ語の課題をたいていはよく答えることができる」の４項目が設定され、これに４件法で回答する。

これに続く質問項目は、先と同様に「以下のことにどのくらいそうだと思いますか？」の問いであり、これに対し教科数学に関し同様の項目が設定されている。ドイツ語と数学に対する質問の後は授業全般に関する質問項目が続く。「以下のことにどのくらいそうだと思いますか？」の問いに対し、「授業で新しい知識を身につけることは楽しい」、「授業はしばしば退屈に感じられる」、「学校で扱うテーマの多くは、学ぶ前に私が楽しみにしていたその期待を裏切らないほど楽しいものである」、「授業で扱う教材は、頻繁に何か別のことをやったりボーとしたりしてしまうほど退屈なものである」、「授業を受けることを楽しみにしていることが多い」、「学校での退屈な授業の時には、どこか行きたい場所に逃げ出したくなる」という項目に４件法で回答する。この「学校と授業について」の区分で最後の質問項目は、「学校外の時間帯で塾や家庭教師にドイツ語か数学を学んでいますか？」である。ドイツ語と数学それぞれに、「なし」、「週１時間程度」、「週２時間程度」、「週２時間以上」のいずれかにチェックを入れて回答する。

d）「あなたとあなたの学級について」は児童用質問紙調査の最後の区分であるが、質問項目は、４項目それぞれに４件法で回答する形式になっている。この４項目とは、「同級生は私に親切ですか？」、「私が悲しい思いをしたとき、同級生は慰めてくれますか？」、「クラスではあまり楽しくありませんか？」、「他の人は私と争い事を起こそうとしますか？」であり、学校生活上の人間関係に関する質問項目で質問紙調査は締め括られている。

以上のように、児童用質問紙では、主に家庭で話される生活言語や学習言語の使用状況、読書週間やインターネットの使用状況、授業への満足度や学級における人間関係について調査されていることがわかる。

4　親への質問紙調査

親への質問紙調査は、テスト初日に児童生徒に家に持ち帰らせて記入してもらう。記入後の質問紙は、封筒に糊付けして提出させる。回答項目は、家庭の属性に関するもの（親の出生国や職業等）、家庭状況に関するもの（家庭での使用言語、蔵書数等）、学校や補習機会の利用に関するもの（学力優秀児への特別授業や特定教科の補習授業のような学校が提供する学習機会への参加、学校外活動への参加等）、進路や特殊教育の必要性に関するものからなる。親の質問紙調査への回答は、すべての州において自由参加であることが保障されている。

2011年のナショナルテストは第4学年の児童を対象に実施されたものであるが、その親を対象にした質問紙調査では、大きくa）「学校入学前」、b）「入学後」、c）「学校選択」、d）「親のキャリアと職業」、e）「家族背景」、f）「学校と家庭」の6つに区分された合計30の質問項目に回答するようになっていた[145)]。

冒頭で記入者の属性（「母親、義母もしくは女性の親権者」、「父親、義父もしくは男性の親権者」、「その他」）についてチェックを入れた後、a）「学校入学前」の区分では5項目に回答する。まず、「あなたの子どもは3歳になる前に保育施設に入ったことがありましたか？」の質問に、「はい」か「いいえ」で回答した後、「あなたの子どもは保育園（幼稚園）か就学前学校に通っていましたか？」の問いに、「いいえ」、「1年未満通っていました」、「1年以上2年未満通っていました」、「2年以上通っていました」のいずれかにチェックを入れる。

ここで「いいえ」を選択した人以外は、次の2つの質問に回答する指示が与えられる。一つは、「あなたの子どもが通った保育園（幼稚園）について答えてください」との指示のもと、「保育園（幼稚園）には多くの本が設置されていた」、「保育園（幼稚園）では読み聞かせをしてくれることが多かった」、「保育園（幼稚園）では数学（数）にかかわる教具が多く備えられていた」、「保育園（幼稚園）では、遊びながら長さを測ったり、重さを量ったりすることが多かった」、「保育者の人たちは、子どもたちにいろいろな面から言葉を活用するように促していた」といった項目が示され、これらの項目に対し、「まったくそうは思わない」、「あまりそうは思わない」、「ややそう思う」、「まさにそう思う」、「よくわからない」のいずれかにチェックを入れて回答する。二つめは、「あなたの子どもが通った保育園（幼稚園）のグループでは子どもの多くの母語はドイツ語でしたか？」の質問に対し、「3分の1より少なかった」、「おおよそ3分の1がそうだった」、「およそ半分がそうだった」、「およそ3分の2がそうだった」、「3分の2以上がそうだった」のいずれかにチェックを入れて回答する。児童の質問紙調査では家庭や友だちとの言語の使用状況を、親の質問紙調査では就学前の主に保育園（幼稚園）における言語の使用状況を明らかにする質問項目が設けられていることがわかる。

b）「入学後」の区分では4項目に回答する。

最初に「あなたの子どもは過去4年の間に学力を伸ばすために学校で補習の授業を受けたことがありますか？」の質問に対し、「学力が高い子どものための補習」、「ドイツ語の補習」、「数学の補習」、「他教科の補習」、「学習技能や活動技能を改善するためのコース」、「読みとり能力の障がいや読み書きの苦手な子どものための補習」、「計算が苦手な子どものための補習」、「ドイツ語を他言語として受ける母語の授業」、「ドイツ語を外国語として、もしくは第二外国語として受ける授業」の下位項目が示され、これらに「まったくない」、「ときどきある」、「定期的にある」のいずれかにチェックを入れて回答する。これらの質問項目は、成績の良くない児童生徒のための補習や特別授業等の機会が、ドイツの場合、他国と比べて極めて少ないことを示したPISA調査の結果と連動している。次に「あなたの子どもは過去4年の間に学校外で学力を伸ばすために補足的な授業を受けたことがありますか」の質問に対し、上記と同じ下位項目が示され同様の回答が求められている。

これに続いて「以下の問いにどのくらい同意しますか？」への回答が求められている。その下位項目は、「私の子どもを受けもつたいていの教師は有能であるとの印象を持っている」、「学校における私の子どもの学力の水準は高い」、「学校で私の子どもに用いられている教授方法に満足している」、「私の子どもを受けもつたいていの教師は真剣にやっている印象をもっている」、「学校は私の子どもの進歩をよく見届けてくれている」、「私の子どもが通う学校は、子どもの進歩について定期的に役立つ情報を与えてくれる」、「私の子どもが通う学校は児童生徒たちの教育によい働きをもたらしている」であり、親の目から見た学校や教師に対する評価や学校から親へのフィードバックなどに関し、４件法での回答が求められている。

「入学後」に区分される質問項目の最後は、「あなたは昨年、以下の学校の活動に参加しましたか？」である。ここでいう学校の活動とは、「自ら望んで、自分の子どもの態度や進歩について教師と話したことがありますか？」、「あなたの子どもの担任が望んで、子どもの態度や進歩についてあなたと話をしたことがありますか？」、「建物の修繕、建具の仕事、校庭や花壇などの仕事といった肉体労働に自由意志で参加したことがありますか？」、「読書クラブ、学校の劇の催し、スポーツ祭、遠足など校外活動に自由意志で助力したことがありますか？」、「学校図書館やメディアセンターのために自由意志で助力したことがありますか？」、「学校で教師を支援したことはありますか？」、「学校でゲストスピーチをしたことがありますか？」、「地域の学校運営協議会や学校の集いなどでスタッフとして貢献したことはありますか？」、「学校で開催される話し合いや親の集いに参加したことがありますか？」の問いに対し、「はい」か「いいえ」のどちらかにチェックを入れ、これら以外の活動に参加したことがあればそれを記述する欄が設けられている。

c）「学校選択」の区分では４項目に回答する。最初の質問は、「あなたは子どもを小学校卒業後にどの学校に進学してもらいたいと思いますか？」である。「基幹学校」、「実科学校」、「ギムナジウム」、「統合型総合制学校」、「協調型総合制学校（学校センター）」、「多岐的な進路を提供する学校」[146]、「特別支援学校」のいずれかにチェックを入れて回答する。「自分の子どもの学力を考慮しなければ、どの校種を修了させることを望んでいますか？」の質問に対しては、「基幹学校修了」、「中等学校修了（実科学校修了）」、「専門学校修了」、「大学・アビトゥア」のそれぞれに「まったくそうは思わない」から「まさにそう思う」まで6件法で回答する。「子どもの現在の学力に基づくと、あなたの子どもは次のどの校種の修了資格が得られそうですか？」の質問に対しては、「基幹学校修了（職業資格）」、「中等学校修了（実科学校修了）」、「高等専門学校修了」、「大学・アビトゥア」のそれぞれに「まったく得られるとは思わない」から「ほぼ確実に得られると思う」までの4件法で回答する。「学校選択」の区分の最後は、「基礎学校卒業後あなたの子どもは実際にはどの学校に進学しそうですか？」という質問項目である。この項目に対し、「基幹学校」、「実科学校」、「ギムナジウム」、「統合型総合制学校」、「協調型総合制学校（学校センター）」、「多岐的な進路を提供する学校」、「特別支援学校」のどれか一つにチェックを入れる。

親の質問紙では、たんに子どもの進路への期待を探るだけでなく、子どもの現状の学力水準、自らの期待や願い、両者を鑑みる必要のある質問項目が設けられており、子どもの進学に対する親へのガイダンス機能を備えているといえよう。

d）「親のキャリアと職業」の区分では7つの項目に回答する。冒頭のところで親に、「ここではあなたの学歴やあなたが受けた職業教育、そして家庭について質問します。これらはどれくらい学校がドイツの児童生徒たちを最適に伸ばしているかを調査するのに必要な情報です」として、質問項目の意義を説明している。まず、「子どもの母親（義母・女性の親権者）、父親（義父・男性の親権者）の最終学歴をお答えください」の質問に対し、「母親」と「父親」のチェック欄が設けられ、「就学したことがない」、「退学して修了資格がない」、「第8学年まで終えた国民学校・基幹学校等の修了資格」、「第10学年まで終えた実科学校修了資格、専門学校修了資格等」、「高等専門学校資格、職業学校修了資格、職業高等学校修了資格等」、「アビトゥア・大学入学資格」、「大学修了資格（学士）、職業アカデミー修了資格等」、「大学修了資格（マスター、マギスター、ディプローム、国家試験）」、「博士など大学修了資格以上」、「上記以外の修了資格」のいずれかにチェックを入れて回答する。

「子どもの母親（義母・女性の親権者）、父親（義父・男性の親権者）はどのような職業教育を受けましたか？」の質問に対しては、「母親」と「父親」のチェック欄が設けられ、キャリアで最も高水準のものにチェックを入れて回答する。項目としては「修了した職業教育はない」、「修了した職業教育（見習修行、上級職業学校修了、職業専門学校修了、商業学校、専門学校修了等）」、「アカデミックな修了（高等専門学校修了、ディプローム、職業アカデミー修了）」、「フォント（バチェラー、マスター、マギスター、ディプローム、国家試験）」、「他の修了：＿＿（名称記述）＿＿」が示されている。「子どもの母親（義母・女性の親権者）、父親（義父・男性の親権者）の仕事の状況について、最も当てはまるものにチェックしてください」との指示に対し、「母親」と「父親」のチェック欄が設けられ、「正規労働者」、「パートタイム」、「収入なし」、「その他」、「該当なし」のいずれか該当するものにチェックする。

「子どもの母親（義母・女性の親権者）と父親（義父・男性の親権者）は、仕事をしていますか？」の問いに対しては、「母親」と「父親」の双方について記述式で回答する。回答にあたり、「もしあなたが現在職業に従事していなければ、最後に従事していた職業は何ですか？もしあなたが現在掛けもちで仕事をしている場合には、中心の仕事は何ですか？あなたが身につけた職を書くのではありません。あなたがパン職人の見習修行を終え、現在パン焼き機操縦者であれば、パン屋とは書かないでパン焼き機操縦者と記述してください。あなたが従事している職をできるだけ正確に記述してください。例えば、地下工事作業員、弁理士補助職員、実科学校の教師というように正確に記述してください。労働者、会社員、公務員とは書かないでください。」という細やかな指示が添えられていて、ドイツらしい職業資格を反映した記述回答が求められている。続いて次の質問も記述式の回答が求められている。

「子どもの母親（義母・女性の親権者）と父親（義父・男性の親権者）は、仕事で何をしていますか？」の質問に対し、先と同様の指示に加え、「あなたが現在複数の仕事に従事している場合には、中心的な仕事の内容を書いてください。どんな仕事内容なのか、簡潔に説明してください。例えば、トンネル工事の壁づくり、登記の準備、ドイツ語と歴史の授業をしているというようにです。」と記述の仕方の説明がなされている。「子どもの母親（義母・女性の親権者）と父親（義父・男性の親権者）の職種は何ですか？」の質問に対し、「現在従事していなくても、資格として有している職種を記述してください」と指示されている。ここでいうベルーフ（Beruf）とは、本来、「天から授かった職」を意味し、英語のoccupationに相当するドイツ独特の言葉である。項目としては、「自営業」、「知的職業」、「主婦・主夫」、「公務員」、「会社員」、「労働者」、「職業に就いたことがない」のいずれか一つにチェックを入れて回答する。「親のキャリアと職業」の区分の最後の質問項目は、「仕事では何人の人があなたの指示で働いていますか？」の問いに対し、「母親」と「父親」のそれぞれにおいて、「0人」、「1-10人」、「10人以上」、「働いたことがない」のいずれかにチェックを入れて回答する。

e）「家族背景」の区分では9項目に回答する。「あなたの子どもはどの国で生まれましたか、子どもの母親と父親の生まれた国はどこですか？」の質問に対して示されている国は、ドイツ、アルバニア、ボスニア・ヘルツェゴビナ、ギリシャ、イタリア、イラク、コソボ、クロアチア、マケドニア、ポーランド、ロシア、セルビア、トルコであり、その他の国については記述式で回答する。「子どもの母の方の祖父母はどの国で生まれましたか？」の質問に対しては、「祖父」「祖母」を別々に回答する。ドイツ、イタリア、ポーランド、ロシア、トルコが示され、これら以外の国はそれぞれ記述式で回答する。子どもの父方の祖父母の出生国についても同様に回答する。「あなたの子どもはドイツ国籍を有していますか、母親と父親はドイツ国籍を有していますか？」質問に対し、「子ども」、「母親」、「父親」ごとに「はい」か

「いいえ」で回答する。「あなたの子どもの母語は何語ですか、母親と父親の母語は何語ですか？」の質問に対しては、ドイツ語、ボスニア語、ギリシャ語、イタリア語、クロアチア語、クルド語、ポーランド語、ロシア語、セルビア語、トルコ語の回答欄が設けられている。これら以外の言語については記述式で回答する。

次の質問はドイツ語の使用場面と使用頻度に関するものである。「あなたは以下の事柄について、ドイツ語でどれくらいの頻度で行いますか？」という質問に対し、「本を読む」、「手紙やメールを書く」、「テレビを見る」、「ビデオ、DVD、映画館で映画をみる」、「インターネットで検索する」、「新聞や雑誌を読む」の項目に対し、「まったくない」から「ほぼ毎日１時間以上」までの５件法で回答する。

f）「学校と家庭」の区分では、「あなたにとって学校や家庭が行うべきことについて、それぞれどれくらい大切に思うかを答えてください」の質問に対し、「学校」と「家庭」に分けて、それぞれ「あまり大切とは思わない」、「大切である」、「非常に大切である」、「一番大切である」の４件法で回答する。家庭や学校が行うべきこととして示されているのは、「人としての自立」、「学力や勤勉さ」、「秩序やしつけ」、「多種多様な知識」、「政治的判断力」、「主要教科のしっかりとした知識」、「社会的な責任の自覚」、「適切な社会的・社交的態度」、「親への尊敬やリスペクト」、「学習への構え」、「すぐれたドイツ語の力」、「気配りや助けようとする態度」、「職業準備のための知識」、「道徳的判断力」、「生きる喜び」、「宗教的信仰への尊敬の念」、「知的好奇心」、「すぐれた数学の知識」である。

親への質問紙調査では、PISA 調査でも取り組まれている社会文化経済的背景に関する質問項目をはじめ、ドイツ特有の移民背景や使用学習言語の家庭的背景、学校と家庭での教育観を映しだす質問項目が設定されている。これらから学力の背景的要因の解明と学力形成の処方箋を浮き彫りにしようとしていることがわかる。

5　教師への質問紙調査

2016年教育トレンド調査における教師への質問紙調査は、2015/2016年度に教科「ドイツ語」と教科「数学」の授業を担当した、合計2094名の教師を対象に行われた。ドイツ語教師の参加率は89.6パーセント、数学教師の参加率は86.9パーセントであった。参加率が最も低かったのはハンブルク州であり、ドイツ語教師の参加率は67.7パーセント、数学教師の参加率は64.6パーセントであった[147)]。

質問紙項目は、個人的属性に関するもの（性別、年齢等）、職業上のキャリアに関するもの（受けた教職課程や学んだ教科等）、授業目的や授業構成に関するもの（学級指導、授業における教育方法の多様な展開等）、特別な支援を必要とする児童生徒への教育に関するもの（授業の組織や特別な支援措置等）で構成されている。教師への質問紙調査は、一般校用と特別支援学校用の２種類が用意されている。すでに指摘したとおり、教師への質問紙調査への参加義務は一律ではなく、州により参加義務の程度が異なっている。

2011年のナショナルテストは第４学年の児童を対象に実施されたものであるが、その教師を対象にした質問紙調査では、大きくａ）「教師の属性」、ｂ）「教員養成」、ｃ）「教員研修」、ｄ）「担当する学級」、ｅ）「教師としてのあなた」、ｆ）「学習状況調査への考え方」、ｇ）「教科ドイツ語の教師」、ｈ）「コンピテンシー関連の児童生徒の取り組み」、ｉ）「言語の促進」、ｊ）「教科数学の教師」ｋ）「コンピテンシー関連の生徒の取り組み」の11つに区分された合計37の質問項目に回答するようになっていた[148)]。

ａ）「教師の属性」の区分では、回答者の性別、年齢、教師としての勤務年数、現在の学校での勤務年数、大学卒業資格（専門上級学校資格・第10学年修了試験等、単科大学資格、アビトゥア・大学入学資格）、生誕国（ドイツ、イタリア、ポーランド、ロシア、トルコ、その他の場合生誕国名を記述する）について回答する。

ｂ）「教員養成」の区分では８つの質問項目に回答する。

「教員養成課程ではどの教員資格を得ましたか？」の質問に対し、「基礎学校もしくは初等段階の教職資格」、「初等段階と前期中等段階のすべての校種もしくは個別の校種を包括した教職資格」、「前期中等段階のすべての校種もしくは個別の校種の教職資格」、「後期中等段階（一般教科）もしくはギムナジウムの教職資格」、「後期中等段階（職業系教科）もしくは職業学校の教職資格」、「特別支援学校の教職資格」のうち該当する項目にチェックを入れて回答する。「教職課程でどの教科の教職資格を取得しましたか」の質問に対し、ドイツ語、外国語、事実教授、芸術、音楽、数学、自然科学、歴史、地理、宗教、スポーツ、その他（教科名を記述）のうち該当する項目にチェックを入れて回答する。

この回答でドイツ語と数学を選択しなかった教師は、教員養成課程を修了した後にドイツ語か数学の教員資格を取得したかどうかに「はい」か「いいえ」で答え、「はい」の場合には、いつ、どのようにして取得したのかを記述回答する。「あなたの勤務形態は、常勤ですか、それとも時間給ですか？」の質問に対し、「常勤（76-100パーセント）」、「時間給（51-75パーセント）」、「時間給（26-50パーセント）」、「時間給（25パーセント以下）」のうち該当する項目にチェックを入れて回答する。「あなたはどのような労働契約を結んでいますか？」の質問に対し、「任期なしの労働契約（公務員待遇）」、「任期なしの労働契約（職員待遇）」、「1年以上の任期付き労働契約」、「1年以下の任期付き労働契約」のいずれかにチェックを入れる。「あなたは現在どの教科を教えていますか、教師になって以来、教えたことのある教科とその教えた年数を記述してください」に対し、ドイツ語、外国語、事実教授、芸術、音楽、数学、自然科学、歴史、地理、宗教、スポーツ、その他（教科名を記述）のうち該当する教科にチェックを入れて年数を記述回答する。「ナショナルテストに参加するクラスで教科ドイツ語か教科数学の授業を担当していますか？」の質問に対し、該当する教科にチェックを入れる。

c）「教員研修」の区分では、5つの質問項目が用意されている。

まず、研修を受けた時期や内容について回答する。「あなたが過去２年間に受講したすべての研修（セミナー、コース、ワークショップ）について以下の表に記してください」と指示されている。ここでの調査内容は、研修を受けた年度、研修テーマ（研修会の名称）、研修内容、研修時間（１時間を45分として換算）、研修場所（校内かどうか）、主催者（1. 個人、2. 専門家チーム、3. 同僚、4. 学校管理者）である。研修内容は、⑴授業とは切り離された教科内容、⑵授業における教科内容の教え方（教科教授学）、⑶カリキュラム（レアプラン、大綱指針）、⑷KMK 教育スタンダード、⑸授業形態や授業方法（教科横断的）、⑹学力診断と学力評価、⑺暴力予防措置、⑻授業妨害の回避措置、⑼学力低迷児の伸ばし方、⑽授業でのメディアの活用、⑾児童生徒の親へのアドバイス、⑿言語促進、⒀読解力の促進、⒁全日制の日課、⒂学校組織・学校開発、⒃特別な支援を必要とする児童生徒のインテグレーションもしくはインクルージョン、⒄内的多様化・個別促進、⒅異年齢学習、⒆異文化教育、⒇その他の研修内容であり、該当する内容を表に記号で記入する。

次の質問項目は教師の研修ニーズを調査するものである。「あなた自身は以下の研修内容のうちどれが必要で、どれが必要ないと思いますか？」という質問に対し、「まったく必要ない」、「あまり必要ない」、「どちらかといえば必要である」、「とても必要である」の４件法で回答する。研修ニーズ調査の対象になっているのは、上記研修内容として示された⑴から⒆である。これに続いて、教師が感じる研修の意義に関する質問が設けられている。「あなたが研修を受講する意義について、以下、どの程度当てはまるかを答えてください」に対し、「まったく当てはまらない」、「あまり当てはまらない」、「やや当てはまる」、「当てはまる」の４件法で回答する。

問われているのは、「開催される研修への参加は個人的には重要なことだと思う」、「研修の開催は、教師としての私の仕事に役に立つ」、「研修会への参加はあまり気が進まない」、「研修会ではたいていは多くのことを学べる」、「すぐれた研修内容を提供してもらえることが私にとっては重要である」の

図表 3-17　教師が受講した研修に関する調査項目[149)]

No.	年度	研修テーマ（研修会の名称）	研修内容	時数	校内	主催者
例	2009/2010	数学の授業の学力評価	6	3	☑	1
(1)					☐	
(2)					☐	
(3)					☐	
(4)					☐	
(5)					☐	
(6)					☐	

５つである。この質問項目は研修一般に関するものであるが、次の問いは校内における研修への参加意識にかかわるものである。「あなたの学校で行われる研修について、どの程度当てはまるか答えてください」という質問に対し、先と同じ４件法で該当するところにチェックを入れて回答する。問われているのは、「研修に定期的に参加することは、みんなの自明のことになっている」、「教師たちにおいて、一人でも喜んで研修に参加するという意識はほとんどない」、「私たちの学校では、キャリアを積むことに重きが置かれている」、「研修機会は学校管理職によって教師たちに伝えられる」、「私たちの学校の教師たちは、教師全員が集まる会において研修会で学んだことや新たに得たアイデアを紹介している」、「他校の教師を経験や知見の交流のために招いている」、「校内研修の実施では学校管理職が支援している」、「学校改革プロジェクトに参画する他校の教師が改革のコンセプトを紹介したり、経験を報告したりしている」、「私たちの学校の管理職は、研修への参加を支援してくれる」である。

「教員研修」の区分で最後の質問項目は、「今年度の研修会への参加に際し、以下のことはどの程度負担になりましたか？」である。この質問に対し、「まったく負担ではなかった」、「ほとんど負担ではなかった」、「負担だった」、

「ひじょうに負担だった」の４件法で回答する。負担になったかどうか回答するに当たり示されている項目は、「基準担当授業時数の多さ」、「授業準備に取られる時間の多さ」、「会議など学校の業務」、「学校の職務専念義務の問題」、「研修会への参加費用の問題」、「研修会の非効率的な日時設定の問題」、「研修会の開催場所の不便さの問題」、「研修会の選択余地の少なさ」、「研修会の質の悪さ」、「研修で提供される内容や必要性とのマッチングの悪さ」、「家族の世話」であり、これらの項目についての教師の負担感を明らかにするものである。

d）「担当する学級」の区分で設定されている質問項目は１つのみである。「本調査に参加する学級は、異年齢編成で授業を受けていましたか？」の質問に対し、「いいえ」、「はい、第１、２、３学年の異年齢編成でした」、「はい、第１、２学年の異年齢編成でした」、「はい、その他の異年齢編成でした（____学年から____学年まで）」のいずれかにチェックを入れて回答する。

e）「教師としてのあなた」の区分で設定されている質問項目も１つだけである。「以下のことは教師としてのあなたにどの程度当てはまりますか？」の質問に対し、４件法で回答する。具体的に11項目が示されていて、それは「この職業において幸せになることは難しい」、「学校で疲労困憊になることがよくある」、「私にとって教師という職業はかなり向いている」、「複数の学級で授業をしなければならないことを問題と感じている」、「もしもう一度職業選択ができるとしたら即座に教師になろうと思うだろう」、「トータルすると負担が大きいと感じる」、「他の職業に就くことが自分にとってよいことかどうかをかつてじっくり考えたことがある」、「自分はやる気をなくしていると感じることが学校でしばしばある」、「自分には教師よりましな職業は他にはない」、「学校の一日が終わったら気分が落ち込んでいることがたまにある」、「教師になったことを後悔することがたまにある」という項目群である。

f）「学習状況調査の考え方」の区分で示されている質問項目は５つある。この区分の冒頭には、「近年のドイツにおいて、ねらいの異なる様々な学習状況調査や学力調査が実施されています。この学習状況調査や学力調査においてドイツの教師たちがどのように評価しているかに私たちは関心を寄せています。ここで得られる情報は、ドイツにおける質保証のプロセスに組み込まれるものです。」とのリード文が示されている。以下は、学力・学習状況調査への教師の取り組みや意識を明らかにする質問項目であるが、これらの質問項目は、授業のクオリティ向上に学力・学習状況調査がどのように活用されることがめざされているのかを具体的に示すものである。

「学力調査の考え方」の最初の質問項目は、「IGLU[150]もしくはPISAのような体系的な学力調査の重要性についてです。あなたは以下のことについてどのように判断しますか？」というものである。4件法でチェックを入れる回答欄が設けられている。以下、すべての項目の主語は、「IGLUもしくはPISAのような体系的な学力調査は」である。具体的には、「定期的に実施されるべきである」、「学校での学業にとって重要である」、「学校をざわつかせるだけである」、「学力調査自体が問題を作りだしている」、「学校がもっと努力をすることに貢献している」、「学校の位置を客観的に見ることができる基盤を提供してくれる」、「会議で議論するよい基盤を提供してくれる」の項目が設けられている。

IGLUやPISAという国際学力調査に関する質問項目に続き、VERA-3と呼ばれる第3学年児を対象にして州単位で実施される悉皆型のローカルテストの受けとめ方の項目が設定されている。

「第3学年を対象にした州全体の学力状況調査・比較調査（VERA-3）は、現在、重視されていますが、そのことをあなたはどのように判断していますか？」との質問項目に対し、4件法でチェックを入れて回答する。以下の項目の主語はすべて「ローカルテスト（VERA-3）は」である。問われているのは、国際学力テストと同様に、「定期的に実施されるべきである」、「学校での学業にとって重要である」、「学校をざわつかせるだけである」、「学力調査自体が問題を作りだしている」、「学校がもっと努力をすることに貢献している」、「学校の位置を客観的に見ることができる基盤を提供してくれる」、「会議で議論するよい基盤を提供してくれる」の項目が設けられている。

「この質問項目で私たちはローカルテストの活用をあなたがどのように評価しているかをもっと詳しく把握したいと思っています」に対しては、ローカルテストは、「授業がどの程度適切に行われているかについて、重要な指摘を与えてくれる」、「児童生徒の学力について、学校監督庁（Schulaufsichts-behörde）に情報を与えるのに役立っている」、「教師の仕事をコントロールするのに役立っている」、「一人ひとりを伸ばす方法を計画するすぐれた基盤を提供している」、「学校の学力を相互に比較するのに視学官の役に立っている」、「学級活動を困難なものにするか、たやすいものにするかどうかの指示を与えてくれる」、「学校の質について親に情報を与えるのに役に立っている」、「教師の同僚と教育について情報交換する気持ちを高めてくれる」、「どのコンピテンシーをより高めなければならないのか、大切な根拠を与えてくれる」、「一人ひとりの教師の授業の質を評価するのに学校管理職の役に立っている」、「学級の強みと弱みを明らかにしてくれる」、「生徒一人ひとりの学力を評価するのによい根拠となっている」という項目が示され、それぞれに4件法で回答する。

「ローカルテストが授業に及ぼすプラスの影響とマイナスの影響が議論されていますが、あなたには以下のことがどれくらい当てはまりますか？」の問いに対しては、「かつてよりも多くの宿題を与えている」、「かつてよりも難しい宿題を出している」、「効果的な授業方法を模索している」、「KMK教育スタンダードをより意識するようになった」、「ローカルテストの教育コンセプトの中で調査されるコンピテンシーをより意識するようになった」、「一般的なテスト解法の方略を教えることにより多くの時間を割くようになった」、「最低レベルの学力水準にいる生徒たちに気を配るようになった」、「最高レベルの学力水準に入る生徒に気を配るようになった」、「かつてよりも授業外の支援を提供するようになった」、「自分の授業では、多肢選択問題に力を注ぐようになった」、「自分の授業では、エッセイやポートフォリオなど、一つの解答に収まらないテストに力を注ぐようになった」、「かつてより教材量を減らして徹底的に扱うようになった」、「私の授業内容の扱いにおいて、自由余地が少なくなった」、「テストの範囲でない内容は取り上げないか、時間をあまり割かないようにしている」、「数学における書く、読むなど教科横断的コンピテンシーに焦点を絞るようになった」、「私の授業のテーマは狭く限定されるようになった」、「私の授業は内容よりもコンピテンシーに差し向けられている」、「学力比較のために、私の授業で変化を先取りすることは間違っていると思う」、「私の授業ではよい結果が出ることをめざしているが、そのためにわざわざ自分の授業を変えようとは考えていない」、「私の授業は、以下の理由で変わった。＿＿（記述）＿＿」という項目が設定され、それぞれに４件法でチェックを入れて回答する。

「学習状況調査の考え方」の区分における最後は、「あなたは児童生徒たちとローカルテスト対策をやったことがありますか？」との質問であり、この質問に「はい」と回答した教師は、「いつテスト対策を行いましたか？」の問いに対し、「テストの数か月前」、「テストの１か月以内」、「テストの２週間以内」、「テストの数日前」の多肢選択に回答する。また、その場合、合計でどのくらいの時間をかけたかを記述式で回答する。

g）「教科ドイツ語の教師」の区分では、該当する教科担任のみ回答する。回答項目数は２つである。まず、教科ドイツ語の第４学年の授業で使用している教科書と出版社の名称、版数を記入し、「本として丸々使用している」か、「抜粋して使用している」のいずれかにチェックを入れる。ドイツにおける教科書の使用は１種類に限られないので３つの記入欄が設けられている。読む・話す用のテキストを使用していれば、それも記入する。

「ドイツ語の授業をするのにあなたの学校では同僚教師との共同作業は、どのくらいの頻度で行われていますか？」の質問項目に対し、「まったくない」、「年に１・２回程度」、「年に数回程度」、「毎月」、「毎週」のいずれかにチェックを入れて回答する。対象項目は、「学年を超えた授業計画を立てる」、「学級の課業、コースの課業、学校の課業を評価する規準について話をする」、「選択された共通の授業単元を準備する」、「児童生徒の個別促進の可能性について助言を求める」、「新しい学習指導要領や教育スタンダード等の導入について話す」、「教科書の選択について話し合う」、「ドイツ語関連の教材集の購入について話し合う」、「校内研修を運営する」、「学級の枠を超えた授業の準備をする」についてである。

h)「コンピテンシー関連の児童生徒の取り組み」（ドイツ語教師対象）の質問項目は3つである。「あなたが受けもつ学級で児童生徒たちにある特定のコンピテンシーの習得に結びつける活動をどのくらいの頻度で実施していますか？」という質問項目に対し、「まったくない」、「年に1・2回程度」、「年に数回程度」、「毎月」、「毎週」のいずれかにチェックを入れて回答する。コンピテンシーの習得は授業のクオリティ向上の要であり、この対象項目となっているのは、「内容を聴いて理解する」、「正書法において重要な言葉を

ドイツ語の授業をするのにあなたの学校では同僚教師との共同作業は、
どのくらいの頻度で行われていますか？
（該当箇所にチェックを入れてください。）

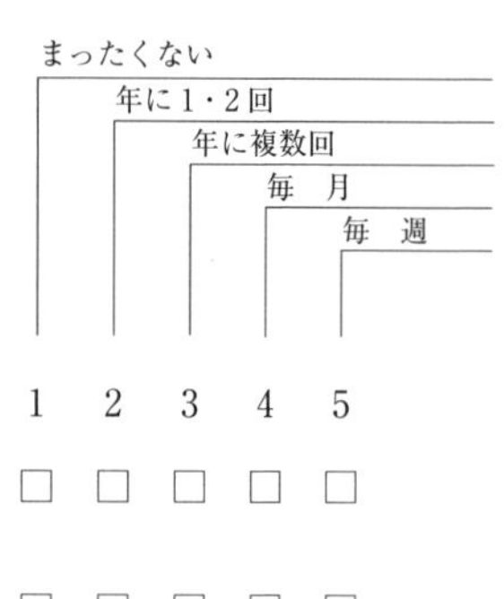

私の学校で教科ドイツ語を教える教師たちは、……

	1	2	3	4	5
a）学年を超えた授業計画を立てている。	□	□	□	□	□
b）学級の課業、コースの課業、学校の課業を評価する規準について話をしている。	□	□	□	□	□

図表 3-18　2011年ナショナルテスト教師用質問紙の一部

適切に記述する」、「一緒に話したり、手ほどきしたり、印象づけたりして正書法のストラテジーを活用する」、「辞書などに書かれた正書法のヒントを活用する」、「正書法に照らして正しいかどうかを点検したり直したりする」、「年齢に適合したテキストの意味を理解しながら読む」、「文学的文章を読んだり聞いたりするときに、ありありとイメージを膨らませる」、「テキストの中から目的をもって文章を探しだす」、「テキストの中心となる言明を把握し再現する」、「述べたことをテキストで裏づける」である。

次の質問項目は「はい」で答えるか「いいえ」で答えるかにより、その後の質問項目が変わる。「現在の学級が第１学年の時もあなたは読解の授業を担当しましたか？」に「はい」と回答した場合にのみ、以下の質問に回答する。「この学級で最初の読解の授業を担当したとき、あなたはどのくらい以下の授業構想に差し向けようとしましたか？」に対し、「まったくない」、「ほとんどない」、「強くそうした」、「非常に強くそうした」、「わからない」のいずれかにチェックを入れて回答する。対象項目は、「入門書のコース体系で最初の読解授業を行った（はいの場合、その入門書の名称と著者名を自由記述する）」、「語頭音表を用いて最初の読解授業を行った」、「教材カードを用いた」、「書きながら読ませた」、「音節分析法を用いた」、「他の方法を用いた（自由記述）」である。

ｉ）「言語の促進」の区分では２つの質問項目が設定されている。「第４学年のドイツ語の授業であなたは以下の活動をどのくらい実施していますか？」との問いに対し、20項目が設定されている。

「児童生徒が文法の規則を学ぶ前に、活用しなければならない練習課題を与えている」、「児童生徒に単語リストや単語カードを携行するように指導している」、「文法構造を振り返るように児童生徒を動機づけている」、「児童生徒に分かりにくいところがあれば、不明確なところがなくなるまで説明している」、「ドイツ語にある文法上の例外を指導している」、「文法上の間違いに対し、その間違いに児童生徒の注意を向けるようにしている」、「児童生徒が間違って言ったとき、その児童生徒が正しく言い直すように修正している」、「ドイツ語の文法規則を児童生徒に教えている」、「クロスワードパズル、メモリーなど児童生徒と言葉遊びをやっている」、「文法を間違ったとき自分で修正するよう求めている」、「児童生徒にたくさん話しをさせなくてはいけないことを心配している」、「文法の間違いをしたとき、児童生徒に適切な規則を指摘している」、「類義語や反対語を挙げて新出単語を教えている」、「不定形で語形変化させる動詞が入った文章や語形変化させる形容詞が入った文章など、ある特定の文法構造を有する教材を意図的に授業に取り入れている」、「好ましい言葉の模範を通して、無意識に文法の力を伸ばすように働きかけている」、「ドイツ語の文法構造を体系的に指導している」、「語源を同じくする語、造語ができる規則の習得、言葉の成り立ちの探求など、言葉を顧みるように児童生徒に働きかけている」、「教科授業で扱う内容の理解に重要な文法構造を取り上げている」、「意識して問いかけることで児童生徒が詳しく考えを述べるように働きかけている」であり、これらについてどのくらい実施しているかを回答する。

次に、「補習の時間を設けて言語能力を伸ばす機会を設けていますか？」の質問項目に対し、「いいえ」か「はい」で回答し、「はい」の場合は、「どのようなやり方で取り組んでいますか？」と「ローカルテストに参加する児童生徒の何人がその補習授業を受けていますか？」を記述式で回答する。以上が教科「ドイツ語」における言語促進に関する質問項目である。

ｊ）「教科数学の教師」の区分では、該当する教科担任のみ回答する。回答項目数は２つである。まず、教科「数学」の第４学年の授業で使用している教科書と出版社の名称、版数を記入し、「本として丸々使用している」か「抜粋して使用している」のいずれかにチェックを入れる。数学における教科書の使用は、指定された範囲の教科書であればどれを用いてもよいので３つの記入欄が設けられている。

「数学の授業をするのにあなたの学校では同僚教師との共同作業について、

どのくらいの頻度で行われていますか？」の質問項目に対し、「まったくない」、「年に１・２回程度」、「年に数回程度」、「毎月」、「毎週」のいずれかにチェックを入れて回答する。対象項目は、「学年を超えた授業計画を立てる」、「学級の課業、コースの課業、学校の課業を評価する規準について話をする」、「選択された共通の授業単元を準備する」、「児童生徒の個別促進の可能性について助言を求める」、「新しい学習指導要領や教育スタンダード等の導入について話す」、「教科書の選択について話し合う」、「数学関連の教材集の購入について話し合う」、「校内研修を運営する」、「学級を超えた授業の準備をする」についてである。

次の質問項目は、インタビューをして数学の教師に「まったくそうは思わない」、「あまりそうは思わない」、「どちらかといえばそう思う」、「そう思う」の４件法で該当する箇所にチェックを入れて回答してもらう。20項目が設定されている。

「教師は、数学の課題に対して独自の解き方を求めたり、それが非効率であると判断したりすることを児童生徒に働きかけるべきである」、「課題の解き方を詳細に説明するやり方を取り入れるべきである」、「児童生徒は自分の解き方を詳細に説明したり、間違っているかどうかを判断したりする機会をもつべきである」、「課題の最も効率的な解き方は、練習を通じて刷り込まれるべきである」、「課題をどのように解くのか、一連の例をたいていの児童生徒に示さなければならない」、「多くの解き方が考えられる課題の場合、たいていは一つの解き方に限った方が確実である」、「児童生徒を数学的な思考に導くには、数学の課題設定に変化をつけることが大切である」、「児童生徒が数学を学ぶのに最もよいのは、比較的簡単な出題をして自分の解き方を見つけるようにすることである」、「児童生徒に例題の解き方を示して見せることで最も数学をよく学ぶことができる」、「児童生徒は数学に関する宣言的知識の本質的なところを押さえていなければ数学的な操作方法を理解できない」、「数学で課題を解くのに児童生徒が独自の方法を見つけられれば、教える日的は最もよく達成されたといえる」、「児童生徒に自身の解き方に対する考え方を議論させたら数学を理解する助けになる」、「文章題を解くのが困難な児童生徒にも独自の解き方へのチャレンジを続けさせた方がよい」、「学力の低い児童生徒に数学的な思考を求めることは過剰な要求であり、そのような児童生徒にはやり方を教えた方がよいと思う」、「応用問題に取り組むときには、児童生徒は解き方の基礎を正確に身につける機会をもつべきである」、「児童生徒はそんなに多くの数学の問題の手ほどきをしなくても解き方を見つけることができる」、「適切な教材を手がかりにして児童生徒は自分で計算の手順を展開することができる」、「どのように文章題を解けばよいのか、詳細な手ほどきを児童生徒は必要としている」、「児童生徒がやり方を完全に習得する前に、計算の手順に関する機能を理解することを期待すべきではない」、「児童生徒は、教師の表現方法と説明の仕方次第で数学を最適に学ぶことができる」。このように、数学における教え方と学び方の改革がどのくらい数学教師に浸透しているのかを問う質問項目が多数設定されている。

k）「コンピテンシー関連の児童生徒の取り組み」（数学教師対象）では、「あなたが受けもつ学級の児童生徒たちにコンピテンシー習得に結びつける活動をどのくらいの頻度で実施していますか？」という質問項目に対し、「まったくない」、「年に１・２回程度」、「年に数回程度」、「毎月」、「毎週、「ほぼ毎時間」」のいずれかにチェックを入れて回答する。

コンピテンシーの習得は授業のクオリティ向上の要であり、この対象項目となっているのは、「100万までの数を様々な方法で表記させる」、「口頭と半記述で計算方法を理解させ、課題を与えて活用させる」、「記述で計算方法を理解させ活用させる」、「比較計算法の多様な計算法を認識させ、逆向きに操作する応用を利かせて解き方を操作する」、「試行や概算や系統立てられた措置を通して複合課題や現実生活に重ね合わせた課題を解く」、「構造図の二次元・三次元の配置など空間関係を認識したり記述したり利用したりする課題を解く」、「幾何学図を描き、その特性を考慮して比較させる」、「組み立てたり分解・解体したりつなげたりしながら立体モデルや平面図をつくり調べさせる」、「平面と立体を解体図で比べたり、展開図で単位面積を求めたりする」、「モデルもしくは構造的に並べられた課題の規則性を記述する」、「表に描かれた量と価格、実際の長さと価格などの機能的関係性を調べ、問題を解いたりする」、「お金の価値、長さ、時間、重さ、体積・容積といった日常の標準単位を組み入れ、設定した課題を解く」、「大きさに関係する実在の課題を解く」、「観察や簡単な実験からデータを集めたり調査したり、図表やダイアグラムを描いたりする」、「サイコロを振るような確率を見積もる課題を解いたり、確実に、不可能な、おそらくそうなる、などの基本概念を正しく使用したりする」というものである。

これらにより回答した教師の授業においてコンピテンシーの習得にどのくらい取り組まれているのかが明らかになる。

6　学校管理職への質問紙調査

学校管理職への質問紙調査の質問項目は、人的属性に関するもの（学校管理職の性別、管理職としての勤務年数等）、学校や環境の特性に関するもの（設置者、学校の規模、全日制の提供、特別な促進措置、学校における人材活用、児童会・生徒会の組織、特別な支援を必要とする児童生徒への教育等）からなる。学校管理職への質問紙調査においても、一般校用と特別支援学校用の2種類が用意されている。教師への質問紙調査への参加義務の程度は、ハンブルク州を例外とする残りすべての州において、学校管理職への質問紙調査の参加義務の程度により定められている。ただしこの場合にも、学校管理職への質問紙調査は、人的属性に関する質問項目は自由参加であるが、学校の校務に関する事項には回答義務が課せられている[151)]。

学校管理職への質問紙調査への参加率はドイツ全体の平均で92.9パーセントである。最も参加率が低い州はバーデン・ヴュルテンベルク州であり、80.2パーセントであった[152)]。

第8節　ナショナルテストにおける質問紙調査の結果

前節では、児童生徒用の質問紙、親用の質問紙、教師用の質問紙、管理職用の質問紙において何が調査されているのかを具体的に検討してきた。以下では、学力とこれらの質問紙の結果とを統計的に統合し、性差、社会背景、移民背景など学習者の学習背景が学力に与える影響について、公表されている結果に基づきいくつか取り上げていくことにする。これらは、KMK が教育政策上のレリバンスとしてエビデンスを蓄積してきた「異質性（Heterogenität）の広がり」[153]と学力との関連を明らかにする意図を有するものである。

最初に、性差と学力との関係を明らかにした3つの統計データを取り上げる。

図表 3-19は、第4学年の男児と女児のドイツ語（国語）と数学の学力差を示している。全体的な傾向としては、女児は男児よりもドイツ語（国語）の能力が高く、男児は女児よりも数学の能力が高いことが読み取れる。特にドイツ語の読む能力では24ポイント、正書法（書く）の能力では33ポイント、数学の「量と測定」のコンピテンシー領域では33ポイントの差が開いている。数学でも「データ・頻度・確率」と「空間とかたち」のコンピテンシー領域では男女差はそれほどでもなく、同一教科内でも男女差がつきやすい領域があることがわかる。

図表 3-20は、自信や自己肯定感などの自己意識、教科への興味・関心について、高い・中位・低いの三段階で児童の占める割合を男女に分けて示している（質問紙では4件法で回答)。ドイツ語（国語）に対する自己意識は男児・女児共に高く、「高い」の占める割合が約7割から8割に達している。男子の場合、教科「ドイツ語」への興味・関心は他と比べるとそれほど高いとはいえず、「高い」と回答した男児は半数にとどまっている。ドイツ語（国語）への自己意識も教科への興味・関心も女児の方が男児よりもやや高いが、数学では男女の占める割合が逆転する。このように教科によるジェン

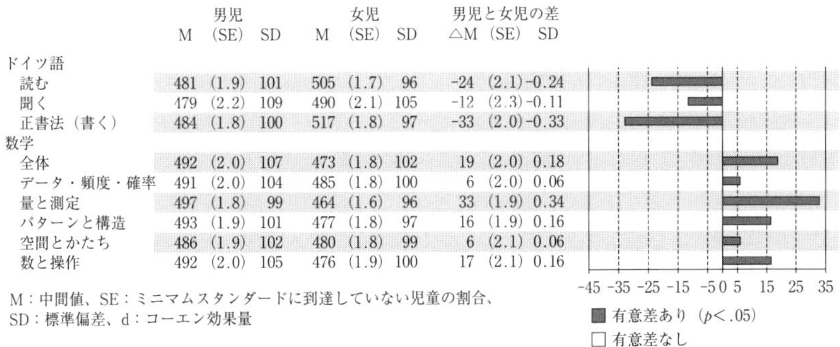

	男児 M	男児 (SE)	男児 SD	女児 M	女児 (SE)	女児 SD	男児と女児の差 △M	男児と女児の差 (SE)	男児と女児の差 SD
ドイツ語									
読む	481	(1.9)	101	505	(1.7)	96	-24	(2.1)	-0.24
聞く	479	(2.2)	109	490	(2.1)	105	-12	(2.3)	-0.11
正書法（書く）	484	(1.8)	100	517	(1.8)	97	-33	(2.0)	-0.33
数学									
全体	492	(2.0)	107	473	(1.8)	102	19	(2.0)	0.18
データ・頻度・確率	491	(2.0)	104	485	(1.8)	100	6	(2.0)	0.06
量と測定	497	(1.8)	99	464	(1.6)	96	33	(1.9)	0.34
パターンと構造	493	(1.9)	101	477	(1.8)	97	16	(1.9)	0.16
空間とかたち	486	(1.9)	102	480	(1.8)	99	6	(2.1)	0.06
数と操作	492	(2.0)	105	476	(1.9)	100	17	(2.1)	0.16

M：中間値、SE：ミニマムスタンダードに到達していない児童の割合、
SD：標準偏差、d：コーエン効果量

図表 3-19　男児と女児のドイツ語（国語）と数学の学力差[154)]

		低い	中位	高い	M	SD	M_J-M_M	(SE)	d
ドイツ語									
自己意識	男児	9%	22%	69%	3.1	0.7	-0.18	(0.01)	-0.28
	女児	5%	15%	80%	3.3	0.6			
教科への興味・関心	男児	21%	29%	50%	2.8	0.8	-0.27	(0.01)	-0.36
	女児	11%	25%	64%	3.1	0.7			
数　学									
自己意識	男児	8%	14%	78%	3.3	0.7	0.30	(0.02)	0.39
	女児	15%	21%	64%	3.0	0.8			
教科への興味・関心	男児	11%	16%	73%	3.3	0.8	0.25	(0.02)	0.30
	女児	16%	22%	61%	3.0	0.8			

図表 3-20　男児と女児の自己意識と教科への興味・関心[155)]

ダー差がはっきりと表れている。

図表 3-21は、学力（コンピテンシー）、自己意識、教科への興味・関心に対する男女差を示している。この結果から、学力、自己意識、興味・関心において、教科（ドイツ語と数学）間にはっきりとした男女差が顕れていることがわかる。ドイツ語は女児優位、数学は男児優位という傾向である。ドイツ語では、教科への興味・関心に女児優位の傾向が最も顕れ、数学では自己意識に男児優位の傾向がはっきりと表れている。

図表 3-22は、ドイツ語と数学の学力と移民背景との関連を示している。ドイツ語の3つのコンピテンシー領域の学力と数学の学力に関し、第1行目

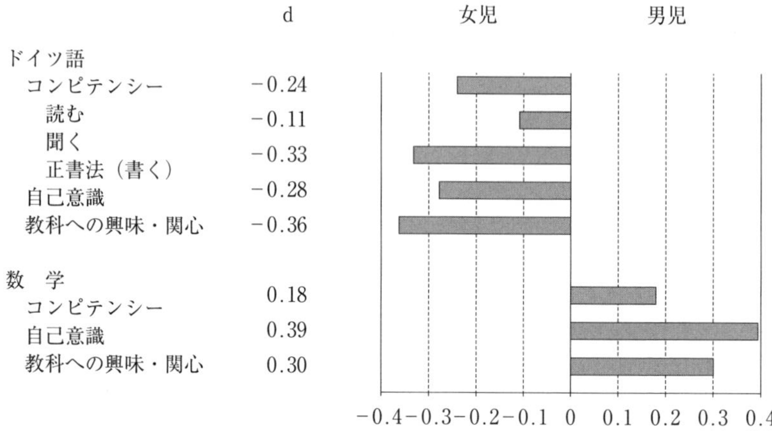

図表 3-21　児童の学力と性差[156)]

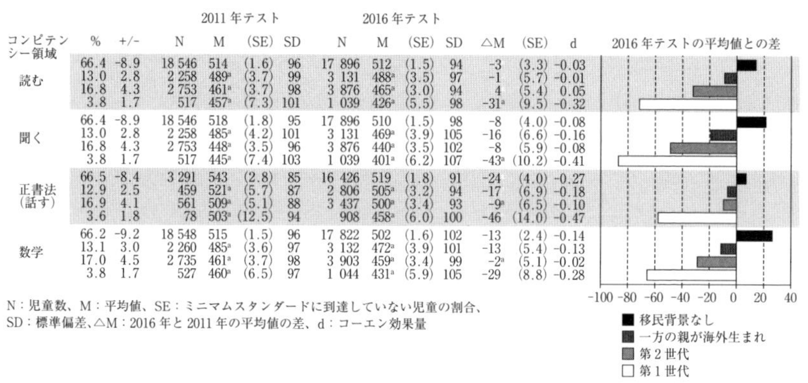

コンピテンシー領域	%	+/-	2011年テスト N	M	(SE)	SD	2016年テスト N	M	(SE)	SD	△M	(SE)	d
読む	66.4	-8.9	18 546	514	(1.6)	96	17 896	512	(1.5)	94	-3	(3.3)	-0.03
	13.0	2.8	2 258	489[a]	(3.7)	99	3 131	488[a]	(3.5)	97	-1	(5.7)	-0.01
	16.8	4.3	2 753	461[a]	(3.7)	98	3 876	465[a]	(3.0)	94	4	(5.4)	0.05
	3.8	1.7	517	457[a]	(7.3)	101	1 039	426[a]	(5.5)	98	-31[a]	(9.5)	-0.32
聞く	66.4	-8.9	18 546	518	(1.8)	95	17 896	510	(1.5)	98	-8	(4.0)	-0.08
	13.0	2.8	2 258	485[a]	(4.2)	101	3 131	469[a]	(3.9)	105	-16	(6.6)	-0.16
	16.8	4.3	2 753	448[a]	(3.5)	96	3 876	440[a]	(3.5)	102	-8	(5.9)	-0.08
	3.8	1.7	517	445[a]	(7.4)	103	1 039	401[a]	(6.2)	107	-43[a]	(10.2)	-0.41
正書法（話す）	66.5	-8.4	3 291	543	(2.8)	85	16 426	519	(1.8)	91	-24	(4.0)	-0.27
	12.9	2.5	459	521[a]	(5.7)	87	2 806	505[a]	(3.2)	94	-17	(6.9)	-0.18
	16.9	4.1	561	509[a]	(5.1)	88	3 437	500[a]	(3.4)	93	-9[a]	(6.5)	-0.10
	3.6	1.8	78	503[a]	(12.5)	94	908	458[a]	(6.0)	100	-46	(14.0)	-0.47
数学	66.2	-9.2	18 548	515	(1.5)	96	17 822	502	(1.6)	102	-13	(2.4)	-0.14
	13.1	3.0	2 260	485[a]	(3.6)	97	3 132	472[a]	(3.9)	101	-13	(5.4)	-0.13
	17.0	4.5	2 735	461[a]	(3.7)	98	3 903	459[a]	(3.4)	99	-2[a]	(5.1)	-0.02
	3.8	1.7	527	460[a]	(6.5)	97	1 044	431[a]	(5.9)	105	-29	(8.8)	-0.28

N：児童数、M：平均値、SE：ミニマムスタンダードに到達していない児童の割合、
SD：標準偏差、△M：2016年と2011年の平均値の差、d：コーエン効果量

図表 3-22　児童の学力と移民背景[157)]（一部改変）

が両親ともドイツで生まれ移民背景のない家庭の児童のケース、第2行目がどちらか一方の親が海外で生まれた移民背景を有する家庭の児童のケース、第3行目が児童はドイツで生まれたが両親とも海外で生まれた移民背景を有する家庭の児童（第2世代）のケース、第4行目が両親も児童も海外で生まれた移民背景を有する家庭の児童（第1世代）のケースを示している。移民

背景のない家庭の児童はいずれの学力もプラスの値であるが、移民背景が深いほど学力が低下する傾向がはっきりと読み取れる。特にナショナルテスト2016における第1世代の児童の低学力傾向が顕著である。ただし、第2行目に位置するどちらか一方の親が海外で生まれた移民背景を有する家庭の児童においては、数値的にはマイナスではあるが、正書法（書く）の能力と数学における有意差はない。

図表3-23は、児童の学力と移民背景（上段：どちらか一方の親が海外生まれ、下段：両親が海外生まれ）を国・地域ごとに比較したものである。比較対象の国・地域は、トルコ、旧ソビエト連邦、ポーランド、旧ユーゴスラビア、それ以外の国、判別不能に分けられ、最上段の移民背景のない児童と比較して示されている。旧ソビエト連邦を除くと、両親が海外生まれであることがいずれの国・地域において学力に大きなマイナスの作用を及ぼしていることが

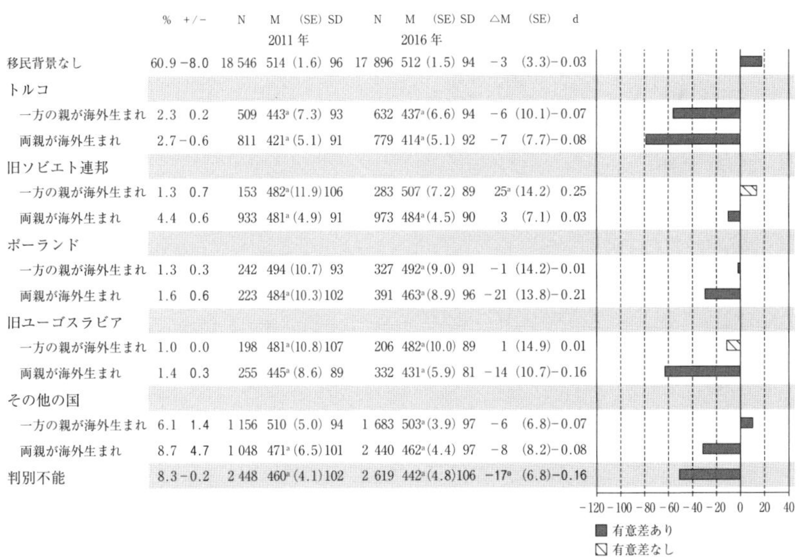

	%	+/−	N (2011年)	M (2011年)	(SE) (2011年)	SD (2011年)	N (2016年)	M (2016年)	(SE) (2016年)	SD (2016年)	△M	(SE)	d
移民背景なし	60.9	−8.0	18 546	514	(1.6)	96	17 896	512	(1.5)	94	−3	(3.3)	−0.03
トルコ													
一方の親が海外生まれ	2.3	0.2	509	443[a]	(7.3)	93	632	437[a]	(6.6)	94	−6	(10.1)	−0.07
両親が海外生まれ	2.7	−0.6	811	421[a]	(5.1)	91	779	414[a]	(5.1)	92	−7	(7.7)	−0.08
旧ソビエト連邦													
一方の親が海外生まれ	1.3	0.7	153	482[a]	(11.9)	106	283	507	(7.2)	89	25[a]	(14.2)	0.25
両親が海外生まれ	4.4	0.6	933	481[a]	(4.9)	91	973	484[a]	(4.5)	90	3	(7.1)	0.03
ポーランド													
一方の親が海外生まれ	1.3	0.3	242	494	(10.7)	93	327	492[a]	(9.0)	91	−1	(14.2)	−0.01
両親が海外生まれ	1.6	0.6	223	484[a]	(10.3)	102	391	463[a]	(8.9)	96	−21	(13.8)	−0.21
旧ユーゴスラビア													
一方の親が海外生まれ	1.0	0.0	198	481[a]	(10.8)	107	206	482[a]	(10.0)	89	1	(14.9)	0.01
両親が海外生まれ	1.4	0.3	255	445[a]	(8.6)	89	332	431[a]	(5.9)	81	−14	(10.7)	−0.16
その他の国													
一方の親が海外生まれ	6.1	1.4	1 156	510	(5.0)	94	1 683	503[a]	(3.9)	97	−6	(6.8)	−0.07
両親が海外生まれ	8.7	4.7	1 048	471[a]	(6.5)	101	2 440	462[a]	(4.4)	97	−8	(8.2)	−0.08
判別不能	8.3	−0.2	2 448	460[a]	(4.1)	102	2 619	442[a]	(4.8)	106	−17[a]	(6.8)	−0.16

図表 3-23　児童の学力と国・地域別移民背景[158]

わかる。PISA ショックという言葉を生み出した PISA2000以来、現在においてもなおトルコ出身の児童生徒においては、移民背景が学力に及ぼす影響が大きい状態が続いており、改善に向かっているとはいえない。

第4章　比較調査（VERA）（ローカルテスト）[159)]

第1節　悉皆型ローカルテストによる個別学力状況の把握と授業のクオリティ改善

ローカルテスト（比較調査［Vergleichsarbeiten：VERA］）は、第3学年（初等教育段階）の児童と第8学年（前期中等教育段階）の生徒を対象にする悉皆型の学力・学習状況調査であり、すべての学校に最低1教科の実施が義務づけられている[160)]。このローカルテストは、2006年に決議され、2015年に改訂されたKMK「教育モニタリングのための総合戦略」に位置づけられている。第3学年ではドイツ語と数学、第8学年ではドイツ語と数学と第一外国語（英語かフランス語）を対象に、毎年、州単位で実施される。

このローカルテストの歴史は、2002/03年度にいくつかの州で実施された試行調査から始まる。ラインラント・プファルツ州では、アンドレアス・ヘルムケ（Helmke, Andreas）とイングマー・ホーゼンフェルト（Hosenfeld, Ingmar）が進めた「比較調査（VERA）」プロジェクトにより、2003年に州内の第4学年の児童全員を対象にした数学の学力テストが実施された[161)]。チューリンゲン州では、同年、イエナ大学により州内の第3学年と第6学年の全クラスを対象にコンピテンシー・テスト（Kompetenztest）が実施された[162)]。バイエルン州でも、2002/03年度に第2学年を対象に「オリエンテーション調査（Orientierungsarbeiten）と呼ばれるテストが実施された[163)]。2004年には、ベルリン州、ブランデンブルク州、ブレーメン州、メクレンブルク・フォアポンメルン州、ノルトライン・ヴェストファーレン州、シュレスヴィッヒ・ホルシュタイン州の6州がヘルムケとホーゼンフェルトが指導した「比較調査（VERA）」に参加し、ドイツ語（国語）のテストも開発・実施された[164)]。

2008年以降はすべての州が第3学年対象のローカルテストを、そして2010年以降は、バーデン・ヴュルテンベルク州を除く全州において、第8学年対象のローカルテストを実施している（バーデン・ヴュルテンベルク州は、2015年以降実施）。2009年までランダウ大学が担っていたテスト開発の責務は、その後IQBに引き継がれた。

その後の展開としては、ニーダーザクセン州においては、2018/19年度のローカルテストへの参加は教師個人の意思決定権（Entscheidungsbefugnis）に委ねられ、2019/20年度以降はローカルテストを実施していない。また、いくつかの州では「比較調査（VERA）」と呼ばず、ノルトライン・ヴェストファーレン州とヘッセン州では「学習状況調査（Lernstanderhebung）」、ハンブルク州では「コンピテンシー調査（KERMIT-Kompetenzen ermitteln）」、ザクセン州とチューリンゲン州では「コンピテンシーテスト（Kompetenztest）」と呼んでいる。2010年からはドイツ国外の南チロルとベルギー・ドイツ語圏もこのローカルテストに参加している。

ローカルテストの出題自体は、国共通のKMK教育スタンダードに準拠して作成される。バーデン・ヴュルテンベルク州など一部の州では、より短いスパンで学力状況を把握するため、第3学年と第8学年の中間地点の第5学年でも独自の調査を実施している。IQB自体も2011年から2017年にかけて、メクレンブルク・フォアポンメルン州、シュレスヴィッヒ・ホルシュタイン州、チューリンゲン州と連携プロジェクトを組織し、VERA6教科ドイツ語の課題開発に取り組んできた。

そもそも第3学年と第8学年で悉皆型のローカルテストを実施する意味は、ドイツの初等教育機関である基礎学校（小学校）は伝統的に4年制をとっていること、そして義務教育期間は9年間であることから、児童生徒全員の学力状況を把握し、その学力診断エビデンスに基づいて、小学校終了および義務教育終了まで、残されたおよそ1年の期間に学力格差の分析・改善に取り組むことができるからである。

これに対し、日本の学力・学習状況調査は、第6学年と第9学年、すなわち、小学校と中学校の最終学年で実施されることから、せっかくの診断結果が出てもそれを十分に生かす期間が残されていない。児童生徒の学力格差を改善するための診断結果の有効活用、そしてそれに伴う教師の教え方の改善への有効活用という二面的な改善活動に生かせるはずの日本の学力・学習状況調査は、自らその調査目的を果たしにくいものにしているといえよう。

ローカルテストの目的は、学校や学級（教師）・児童生徒の個別学力データの提供であり、この学力データを学校や授業の診断と改善、教師の力量形成に生かすことである。

KMKは、ローカルテストの目的には2つの側面があるとして、以下のように整理している[165)]。

①ローカルテスト（VERA）の結果は、学校組織レベル・授業レベル・児童生徒レベルにおいて、データに支えられた授業開発や学校開発[166)]の基盤を学校に提供することである。（2018年のKMK決議では、このローカルテストは、「各学校にとってはプロフェッショナルな授業開発・学校開発に役立つ道具」[167)]であると強調された。）

②ローカルテストの結果は、コンピテンシー志向の授業を促進することである。このことは、教科の知識を獲得することではなく、教科学習の道筋を辿りながらも、現実味のある状況を作りだして問題を克服することで、コンピテンシーの発達を前面に押し出すことになる。ローカルテストの課題は、コンピテンシー志向の教育スタンダードを基盤に開発されたものである。

ローカルテストの目的は、マイナスからプラスへの向上をめざす学校改善と授業改善、そしてプラスからさらにプラスアルファへの躍進をめざす学校開発と授業開発のための診断的なテストによるエビデンスデータを提供するところにあり、この目的のために悉皆型で行われる[168)]。学力水準の大きな変化を把握するだけなら、第3章で取り上げたナショナルテスト（教育トレンド調査）のような抽出型で十分である。また、基礎学校の最終学年および義務教育期間の最終学年の実施でよいし、数年に1度データを取れば十分である。ローカルテストは、教育現場の自律的な改善行動とそれに伴う力量形成に資することが期待されているからこそ、悉皆型で毎年実施されるのである。このことは、「学校や学級、具体的な指導計画の枠を超え、児童生徒一人ひとりの学力をすべての学校の教師が見とることのできる授業開発の道具」であるとする説明に端的に表現されている[169)]。教師は調査結果が提供する診断データに基づいて学級や児童生徒の学力状況に照らしてセルフアセスメントを行うなど、ローカルテストは自身の授業力や指導力に関する自己評価ツール[170)]としても位置づけられている。

ローカルテストで期待されていることは、①教育スタンダードの達成状況の個別次元での定期的な確認（モニタリング）、②学校プログラムや授業措置の成果の振り返りと、根拠を有する学校改善への取り組み（学校評価）、③各学校が自校の強みと弱みを見極めた促進措置（個別診断）である[171)]。即ち、第3学年と第8学年の児童生徒全員を対象に毎年実施し、州内の平均値と各学校・各学級（各教師）・各生徒との比較データを提供し、学校や教師がそのデータを自らの個別状況に重ね合わせ、授業改善のための診断データとして用いることである。教育スタンダードに定められたコンピテンシーを育成する授業開発と授業の質向上、学び続ける学校づくりのためのデータ提供、テスト結果が示すエビデンスデータと教師の個別アセスメントとの照合等が想定されている。

しかし、学力テストのデータ活用について、アングロサクソン系諸国で実施されてきた、いわゆる「ハイステイクス・テスト（high-staks test）」に対しては、日本でもその学力テスト政策に懸念が示されてきた[172)]。ハイステイクス・テストとは、「テスト結果が個人の将来の教育機会や職業機会に大きく影響するような強い利害関係や重大な結果をもたらすもの」[173)]であり、学校評価や教員評価に留まらず、学校の統廃合、教師のテニュア制廃止、教師の大量解雇など、「テストの結果が児童・生徒、教師、学校、学区にさまざまな影響を与える」[174]ものである。確かに、学力テストを実施すれば、それによりエビデンスデータが得られる。しかし、そのデータをこのようなハイステイクスな性質を帯びたかたちで活用したとしても、「外部から強圧的に管理するという方策は、学校や教育制度内部の効果的な改善プロセスを自動的に生み出すことはない」し、「学校は、学校自身の優れた実践に関する合意形成のための、そしてその合意を組織と教育の方法に具現化するための内部システムを持たないかぎり、外部からの合図または圧力に反応して『成功する』ことはない」[175]のである。北野が指摘するように、成功する学校とは、「自らが効果的な専門職能開発を持っている学校」[176]だといえよう。

上記のようなアングロサクソン系の国におけるハイステイクス・テストの問題については、ドイツにおける教育スタンダートや教育モニタリングシステムの枠組みを提示した「クリーメ鑑定書」（2003年）においても以下のように認識されていた。

> 「アウトプット志向の管理手法に移行するには多くの問題が山積していることを考慮し、慎重に計画を立てる必要がある。イギリスとアメリカの先行例は、教育という視点が十分に反映されていない基準の使用（例えば、イギリスで散見される単純な学校ランキング、アメリカのハイステイクス・アセスメントのような個人評価のための学力テストの誤用）が逆効果になりうることを示している。」[177]

先ほどの「自らが効果的な専門職能開発を持っている学校」とは、KMK「比較調査（VERA）のさらなる拡充のための協定」（2018年）が示す「プロフェッショナルな授業開発・学校開発（professionelle Unterrichts- und Schulentwicklung）」[178]として期待されているところでもあり、この趣旨からドイツのローカルテストは「ローステイクス方式（Low-Stakes-Verfahren）」である評価されている[179]。

第2節　悉皆型ローカルテストの調査方法

ローカルテストとしての比較調査（VERA）は、第3学年の児童と第8学年の生徒全員を対象に毎年実施される。児童生徒個人、学級、学校、州全体の学力水準を把握するための「学力調査」と児童生徒の学習背景や学習状況を把握する「質問紙調査」に大別される。

この学力調査でもスタンダード・セッティング法により難易度が特定された設問が用いられる。各州は、これに州独自の設問を加えてもよい。第3学年ではドイツ語と数学、第8学年ではドイツ語、第一外国語（英語または仏語）、数学を対象に実施される。

学力調査用の出題は、図表4-1のように多肢選択課題、連番選択課題、空欄穴埋め記述問題、短文記述問題の4つの形式に限られている。

ナショナルテストとローカルテストの各問題は、国共通の教育スタンダードに基づき、図表3-3で見たように4つのカットスコアーを境界点として高位から低位までを5段階に分けるスタンダード・セッティング法を採用し、到達すべきレベルを設定することにより到達水準が明らかにされた。図表3-6には数学のテスト問題例が示されていたが、各問題は、テスト開発時に実施されたパイロット研究を通して明らかにされた推定スコア（難易度）に基づき、Ⅰ～Ⅴの各コンピテンシー段階に位置づけられていた。この図では第Ⅲ段階の「展開図のうち平面の一つを黒く塗ってあります。対照面にチェックを入れましょう。」の問題が、平均的な能力を有する生徒が解答できる問題と捉えられていた。

授業の診断・改善のツールと位置づけられるローカルテストでは、各段階の到達水準レベルを表す「○○スタンダード」という名称が用いられている。最高位の第Ⅴ段階を「最適なスタンダード」、第Ⅳ段階を「標準スタンダードプラス」、第Ⅲ段階を「標準スタンダード」、第Ⅱ段階を「ミニマムスタンダード」と位置づけ、絶対評価的な水準を明示化することによる目標機能を

ⓘ VERA3の出題形式	
多肢選択課題：設題に対し正しい答えを選んでチェックを入れる。	▪ 1週間は何日ですか？ □ 2 □ 5 ☒ 7 □ 10
連番選択課題：設題に対し正しい順番になるように数字を入れる。	▪ 曜日を正しい順番に並べましょう？ _3_ Mitwoch _4_ Freitag _1_ Montag _2_ Dienstag
穴埋め記述問題：空欄のところに正しい言葉を書き入れる。	Setze das in Klammern stelhende Verb richtig im Präsens (Gegenwartsform) ein. ・ Adam ________ seinen Vater auf dieser Reise nicht. (enttäuschen) ・ Am Tage ________ ihm die Sonne stundentang ins Gesicht. (brennen) ・ Der Führer Ibrahim ________ mit ihm. (schimpfen) ・ Adam ________ aus Neugier von der Karawane ________ . (weglaufen)
短文記述問題：生徒は自分の言葉で答えを記述する。	Wie findest du diese Geschichte? ________________

図表 4-1　第3学年対象ローカルテストの出題形式[180)]

付与しているところが特徴的である。この水準設定にしたがい、第Ⅲ段階以上の水準への全員の到達をめざし、最低でも全員が第Ⅱ段階をクリアすることが求められている。この意図として、数値化された学力の相対比較によって無用な競争に煽り立てられることなく、フェーズごとに到達すべきゴール（水準）を可視化することによって、理知的に結果の分析・診断や授業の開発・改善に向かわせ、クオリティ向上の好循環システムを構築するところにあることが象徴的に示されている。

質問紙調査は、ローカルテストを受けた児童生徒の他、親、教師、管理職に対して実施される。このうち、児童生徒用質問紙と教師用質問紙への参加の仕方については、回答の義務化、飛ばし回答の是認、完全な参加の自由のうちのどれにするかは州が決定する。

質問紙調査の目的は、生徒間に学力格差を生み出している可能性のある学習の背景要因（性差、移民背景、社会階層差等）や周辺要因（授業や学校、家庭の特徴）を突きとめることである。とりわけ、社会的公平性の確保の妨げになりやすい、教育条件の違いによってもたらされる格差要因の解明に努力が払われている。

児童生徒用質問紙では、テストを受けた印象、校種（シュタイナー学校所属を示すチェック項目を含む）、就学前教育年数、落第回数、生誕国、家庭での使用言語、家庭構成員のドイツ語の使用状況、家庭での学習環境（自分の机・勉強部屋、事典、インターネット環境等の有無）、蔵書数、母親・父親それぞれの職業や学歴などに関する質問項目が用意されている。自分か親のどちらかでも生誕国がドイツでない場合には、ドイツ及びドイツ人への好感度を問う項目が用意されている。移民背景や社会・文化的背景の各要因が、学力形成にどのように作用しているのかを突きとめようとする姿勢が表れたものになっている。

教師用質問紙では、教師の出身国、受けた教員養成教育や研修プログラムの詳細、勤務状況や満足度、学習活動の実施状況やコンピテンシーテストの結果の活用状況等に多くの質問項目を割いている。

児童生徒の学力の到達状況に加え、学力の背景的要因ならびに教師の指導状況や学校の運営状況等に関するデータを収集しているのは、社会的に公正な教育提供が実現されているかどうかを明らかにするためである。

ところで、ローカルテストは悉皆型の調査である。第3学年用学力調査の対象教科はドイツ語と数学であり、第8学年用学力調査の対象教科はドイツ語、第一外国語、数学、自然科学である。ローカルテストの問題は、IQBと各州から選出された教師とが共同開発したものである。出題の分量や独自問題を加えて課すかどうかは州の判断に委ねられている。

第3節　ローカルテストと授業開発・学校開発

学力調査の結果はどのように授業開発や学校開発に生かされているのだろうか。本節では、このことについて以下で説明する。

ローカルテスト（VERA）がプロフェッショナルな授業開発と学校開発の重要なツールと位置づけられている[181]ことは、先に述べた通りである。授業開発や学校開発と連動させるために、ローカルテストは、第3学年と第8学年の児童生徒全員に毎年実施される。この悉皆型調査は、「標準化された学力・学習状況調査として構想されており、（学校や教師の）自己評価において必ず用いなければならないツール」[182]であるとされている。このように位置づけられたローカルテストは、教育スタンダードに想定された第4学年修了時（初等段階修了時）もしくは第8学年修了時（義務教育段階修了時）までに到達すべき平均的な学力水準から逆算し、調査が実施される第3学年または第8学年時点での児童生徒の学力状況に関するエビデンスデータを各学校・各教師・各児童生徒（親）に提供するものである。

ローカルテストが果たす役割は、総体的には学校や教師の授業開発や学校開発（授業や学校の質向上）のターゲットを明確にするための強みと弱みを、自ら判定することができるように整形されたデータの提供である。ミクロな次元でいえば、初等段階修了または義務教育段階修了までに残された1年弱の間に、絞り込まれた改善ターゲットに対し児童生徒一人ひとりの学習状況を改善したり、学校の条件整備を行ったりすることである。ここで大切なのは、自身の実践の継続的な省察とこの省察に基づく授業力・学校力のクオリティ向上を中軸に据えているところである。このこと自体は、「授業の出来、不出来は教師次第」という、古くから教育現場で語り継がれていることと矛盾しない考え方である。ここには、エビデンスデータと経験知、システム化された振り返りと自己内対話による省察といった多角的な改善行為に導いていこうとする哲学が基底にあると考えられる。これを象徴するのが「データを用いて、(改善) 行動にとりかかる (mit Daten zu Taten)」のスローガンである。実際に、ラインラント・プファルツ州では、ローカルテストに基づくフィードバックにおいて、「データから (改善) 行動にとりかかる (von Daten zu Taten)」が州教育研究所の掲げるスローガンになっている。

授業開発や学校開発は、教材の改善・開発、授業力の開発・向上、生徒への指導・啓発だけで前に進むものではない。学校は教師集団と児童生徒集団、親などからなる組織体・集合体として、多種多様なファクターがひしめき合って、教育活動を成り立たせている。こうした授業開発・学校開発の内発的作用については、わが国では、カリキュラム・マネジメントの動態性を可視化するモデルが描かれている[183]。そのモデルにおいて「連関性 (つながり)」と「協働性 (かかわり)」の2次元に区別されたファクター間の相互連関性が着目されている。このモデルでは、一方で、カリキュラム面 (教育活動) の基軸＝連関性とマネジメント (教育経営) 面の基軸＝協働性として、授業開発力 (教師の力量形成) を向上させていく成長の動態性と、カリキュラムをつくり、動かし、変えていくという、経営サイクルに代表されるクオリティ向上の動態性とを組み合わせた立体的動態性が描きだされている。つまり、経営サイクルとは人をただ作業に向かわせるだけの行程表 (ロードマップ) なのではなく、連関性と協働性によって創られる共創的動態性こそが授業開発と学校開発 (カリキュラム・マネジメント) の本質でなければならないことを物語っている。

ドイツのケースでは、動態性の源としての連関性と協働性はどのように構想されているのだろうか。連関性については、教科特有のコンピテンシーと並ぶ教科横断的なコンピテンシーの設定[184]に加え、教科と並ぶ教科横断的テーマの設定をしているところがポイントであり、授業計画においてこれら教科特有のコンピテンシーと教科横断的なコンピテンシーは、目標・内容・方法のいずれにおいても必然的に連関性を意識するように構造化されている。協働性については、それを各学校において、いかに自律的で組織的な取り組みに昇華させるかが今後の課題として指摘されている。学校内に組織的な協働性を構築することの困難さの理由として、「教育の自由（pädagogische Freiheit）」[185]の権利を主張することで、授業はその改善も含め、各教師に委ねるべきとする考え方が伝統的に広く根づいていたため、教育活動は基本的に教師個人のパフォーマンスに委ねられてきたことが挙げられる。その個業化は、問題を放置する、見て見ぬふりをする、問題があることすら気づかない、気づいていても対処しないなどの望ましくない孤業を常態化させかねない。場合によっては、児童生徒の性格特性、家庭環境や移民背景等の問題へのすり替えも起こりかねない。

プロフェッショナルな授業開発と学校開発は、各学校の診断に基づく自己判断・自己決定を基本にすることを保ちつつ、客観的で有力な学校・教師のパフォーマンスの診断結果の一つとして、ローカルテストのエビデンスデータを参照することが求められている。

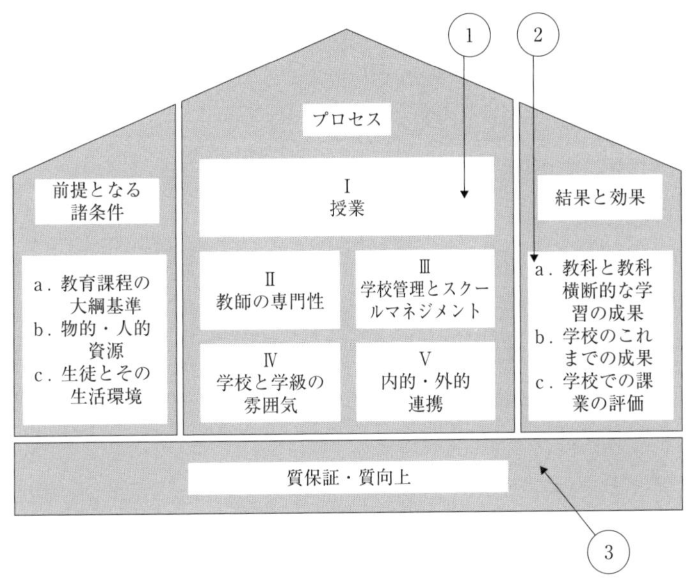

図表 4-2　質保証・質向上モデル[186]

第4節　授業開発・学校開発の枠組みとローカルテストのねらい[187)]

図表4-2は、授業開発と学校開発を構想するための「質保証・質向上構造モデル」である。

左サイドに位置するのが「前提となる諸条件」であり、これが新制御システムのうちのインプットに相当する。その諸条件は、a．教育課程の大綱基準、b．物的・人的資源、c．児童生徒とその生活環境からなる。中央には「プロセス」を配置し、その構成要素は、Ⅰ．授業、Ⅱ．教師の専門性、Ⅲ．学校管理とスクールマネジメント、Ⅳ．学校と学級の雰囲気、Ⅴ．内的・外的連携である。右サイドに位置するのが「結果と効果」であり、新制御システムのアウトカムに相当する。その「結果と効果」とは、a．教科と教科横断的な学習の成果、b．学校のこれまでの成果、c．学校での課業の評価を指す。

この図は、「前提となる諸条件」「プロセス」「結果と効果」の3領域で描かれており、左サイドから右サイドに向けて展開する新制御システムとして、インプット（前提となる諸条件）⇒プロセス⇒アウトカム（結果）という展開の道筋を示している。大きな矢印で図全体を模すことで、これら3領域を総合して教育のクオリティ向上をめざして前進するという動態性が印象づけられるようにしてある。ここでの図中の各要素は「密接に相互に関連しあうもの」[188)]として説明されている。

構成要素Ⅰの「授業」には、以下のような3つの規準の大枠が示されている。

規準1　学習指導要領の学校内での変換　6項目＋α

規準2　教授・学習プロセスの構成　16項目＋α

規準3　成果の判断と振り返りの実践　6項目＋α

授業開発としては、規準1は開発の消極的な側面（義務的要請）であり、規準の2と3は、授業や学校を改善していくために何を動かし変えていくのかという積極的な側面（自律性の発揮）を示している。各学校が配慮すべき規準の大枠はこれら3つであり、3つの規準の大枠の下位に示された計28項目は、見方や検討の視点の例示という位置づけになっている。こうした授業開発が学校をベースにするものであること、そのことは各学校の自律性の発揮のしどころとして+αのところによく表されている。この+αは、例示の項目も含め、各学校においてそれぞれの規準の大枠に関連する検討項目を自らの方針に従い設定すべきであり、それが自律性に基づく質保証・質向上の本来のあり方であることを示唆している。

規準1について具体的に見ていくと、(1)学習指導要領の理念を把握し、(2)当該校固有の教育方針や教育目標を導き出すことである。そのためには、(3)性差、社会階層や移民背景など、学校特有の生徒集団の特色を考慮する必要があるという。(4)教科や諸教科横断的取り扱いにおいて、新しい情報メディアを体系的に取り入れること、(5)弾力的な時間割の運用についてアイデアを出すこと、(6)学校カリキュラム（教育課程や指導計画）の改善に努めることなどが例示的視点として示されている（丸数字は規準1の下位6項目）[189]。

規準2は「教授・学習プロセスの構成」である。この規準2では、(1)教科コンピテンシーと教科横断的コンピテンシーを育成するために、どのように学校は教授・学習プロセスを構成するのか、(2)個々の生徒や学級に関して得られた学力情報から、学校はどのような認識を得てどのように活用しているのか、(3)特別な支援を必要とする生徒を学校はどのように認識しているのか、(4)個別的な支援措置を学校はどのようにかたちづくっているのかという4つの観点それぞれに対し、授業改善の視点が設定されている[190]。このうちの(2)を取り上げると、「例えば、ローカルテスト（診断的調査・比較調査・学級調査）で得られた児童生徒や学級の学力に関する結果のデータを参照したり、分析したり、解釈したりしているか」、「場合によっては、学習状況調査で提供されている標準化された取り扱いを用いることがあるか」、「支援措置、教科の授業、学校カリキュラム（学校の教育課程）を発展させるための知見が活用されているか」など、ローカルテストで得られた診断データを連動的に活用することが推奨されている[191]。

図表4-2に描かれた①～③の授業開発・学校開発の枠組みに対し、ローカルテストの役割は以下のように意図されている。①のクオリティ領域Ⅰ「授業」については、ローカルテストが提供する結果に基づいて浮き彫りになった特徴を参考に、児童生徒や学級の達成状況を解明・分析・解釈し、教授・学習プロセスの構成に活かすことである。②の「結果と効果」については、児童生徒にもたらされた専門的な教育効果という面から、学校として自分たちの仕事を振り返ることである。③の「質保証・質向上」については、学校として授業の首尾一貫した継続開発に目を向け、どのように自己評価を実施しているのか、達成水準を意識してその自己評価を行うように問いかけるものである[192]。

教師による結果の振り返りは、検証されたコンピテンシー領域に対する「学習状況（Lernstand）」に焦点化して行われる。Standとは「物や、活動の行われている位置、レベルの状態」[193]を意味し、ローカルテストは、州内、校内、学級（教師）、児童生徒個人の学習状況に関するデータを提供する。最もミクロな次元では、児童生徒一人ひとりの課題ごとのデータが提供される。ローカルテストの各設題は、PISA調査と同様の手法で定めた尺度（スタンダード・セッティング）に照らして難易度（段階的水準）が予め調整されている。そのため、比較データといっても設題ごとに単純に調査参加者の得点の高低で比べる相対比較評価のデータではなく、スタンダード・セッティングによる難易度の絶対尺度に基づくデータである。このデータは、教育スタンダードに基づいて開発されたテスト課題から導き出されたものなので、各教科の学力上の弱点がピンポイントで可視化されるとともに、その弱点克服のための体系的な処方箋を描きやすい。指導改善のための処方箋もWebに提示されている。これに加え、州の研究所には専門的な学力相談員が配置され、オンラインや電話、メール等で助言を受けることができるなど、フォローアップの体制ができているので、ローカルテストの結果に基づくフィードバックや各学校・各教師の自己評価の読み解きや改善措置の考察への即時対応が可能であり、このことが特質となっている。

「診断の適切性（Diagnosegenauigkeit）」[194]は、あくまでもオプションであり絶対的な強制ではないが、それにより自己の経験的アセスメント能力をリフレクションする機会も教師に提供されている。後述するように、これは課題ごとに自身が受けもつ学級の児童生徒の正答率を先に入力し、その予測と実際の正答率とのズレを認識させるものであり、教師の形成的アセスメント能力として、生徒の出来・不出来を見とることのできる鑑識眼を養うのにも有効に働くシステムであると考えられる。このことについて、州学校開発研究所は、「一方で、返却された結果のデータから、特徴が客観的に得られる。他方、（期待と一致した結果や期待に反した結果など）一人ひとりの児童生徒の能力と結びつけた自己の期待や経験から、特徴が主観的に得られる。」[195]と説明している。

これはデータ・ドリブン（Data Driven）といわれる改善行動である。データ・ドリブンとは、KKD（勘、経験、度胸）に頼るのではなく、ローカルテストの学力データ、日頃の観察データや小テストデータなど様々な種類のデータを蓄積し、そのデータの分析結果をもとに、課題解決のための方策や措置を立案し、授業改善や学校改善のための意思決定などを行うプロセスのことを指す[196]。このようにローカルテストから得られるエビデンスデータと児童生徒への主観的な期待や見とり評価の印象とを照合して自らの鑑識眼を鍛える機会が提供されている。

第5節　コブレンツ・ランダウ大学が提供するフィードバック・データ

コブレンツ・ランダウ大学の実証的教育研究センター（Zentrum für empirische pädagogische Forschung：ZEPF）は、ドイツ西部に位置するランダウ・キャンパスに附設されており、ローカルテストの導入を軌道に乗せた立役者として知られている。ランダウ大学（当時）のアンドレアス・ヘルムケとイングマール・ホーゼンフェルトが主導して開発した、ラインラント・プファルツ州のローカルテスト（VERA）は、後にドイツの半数以上の州で採用されていった。

以下、ZEPF が提供するローカルテスト（VERA）を用いたフィードバック・データのサンプルを参照し、学級単位ではどのようなデータがどのような形式でフィードバックされているのかを明らかにする。ここで用いるデータサンプルは、2019年12月に ZEPF を訪問し聞き取り調査を行ったときに提供されたものである。参照用データサンプルなので、どの州のどの学校のどの学級のデータであるのかが識別できないように匿名化され、白抜きされた箇所もあるが、実際の個体データのうちの一つである[197]。データサンプルは2017年５月16日に第８学年の生徒を対象に実施されたローカルテストの教科「数学」に関するものである。

図表 4-3　ZEPF 開発の VERA3 診断的フィードバックシステムのアクセス画面

フィードバック・データの冒頭には、以下のリード文が添えられている。

「みなさんへ

学習集団に係るフィードバックは、VERA ポータルに入力された調査結果を文書にまとめたものです。ここには、あなた方の学習集団の成果、その成果とそのつどの州の数値との比較、個々の生徒が収めた成績に関する情報が説明されています。児童生徒レベルでのフィードバックは、特別な教育支援を必要とする生徒（F）、または、言語能力が不十分な生徒（S）の成績が含まれています。しかし、その成果は、学習集団全体の数値または州全体の数値には入れていません。」

次に、ローカルテストへの参加者数や学級の集団の特性は以下のように示される。特別な教育支援を要する生徒や移民背景などの理由で言語能力が不十分な生徒がいれば、それらの生徒のデータは学習集団全体の学力データに反映させていないので、教師にとってはそれが原因で自身が受けもった学級の成績が下がることがないように配慮されている。

「学習集団の構成：

生徒数：21名

女子：9名

男子：12名

数値なし：0名（特別な教育支援を要する：0名、不十分な言語能力：0名）

実　施：

出席者：21名

欠席者：0名

出席したすべての生徒、すなわち、あなたの学習集団（学級）では21名分の成績がグラフで表され、考察の対象に入っています。」

2016年に実施された初等段階のローカルテストのケースでは、数学とドイツ語Ⅰ（読む）、ドイツ語Ⅱ（聞く）が実施された。実施前の3月9日から4

月21日までの間に、学校・学級・生徒・学習背景に関するデータを入力し、４月21日までに親向けに案内の配布を終わらせておく。４月18日より生徒への周知を始める。同日に試験問題が開示されるので、教師は自身の「診断の適切性」（任意参加）を確かめるため、自身が担当する学級の各問題の予想される正答率を試験当日までに入力しておく。数学の試験は４月26日に実施で試験時間は60分間、ドイツ語Ⅰ（読む）の試験は４月28日実施で試験時間は40分間、ドイツ語Ⅱ（聞く）の試験は５月３日で試験時間は40分間である。ポータルへの試験結果の入力は５月18日までに終わらせ、フィードバック・データが返ってくるのは、最後のドイツ語Ⅱ試験実施当日から数えて40日弱であり、このスピード感には驚かされる。

図表4-4では、州の平均（サンプルデータなので実施年が識別できないように白抜きにしてある）、校内他学級の平均、そして自身が担当する学級の平均がコンピテンシー段階（KS）ごとに示されている。自身が担当する学級の生徒の成績は、同じローカルテストを受けた州全体の生徒の成績や同一学校の別の

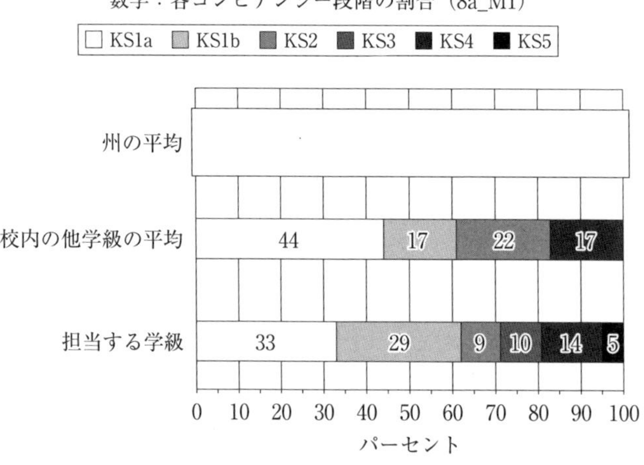

図表4-4　各コンピテンシー段階に占める生徒の割合[198]

学級の生徒の成績と比較してどのような学力形成状況にあるのかが、視覚的に把握できるフィードバック・データにアクセスすることができるようになっている。

図表4-5は、初等段階・前期中等段階のコンピテンシー段階を示している。前期中等段階においては、職人として就業する人向けの基幹学校（ハウプトシューレ）とそれ以外では、コンピテンシー段階の水準が異なって設定されている。図表4-4は、図表4-5中央の段に位置する基幹学校の例である。

図表4-4では、同図の中のKSはコンピテンシー段階（Kompetenzstufe）の略記であり、「校内の他学級の平均」と「担当する学級」の各コンピテンシー段階の割合を示す棒グラフは、KS1a、KS1b、KS2、KS3、KS4、KS5というように1aから5まで6段階に区切られている。数学コンピテンシーとしては、以下の6つのコンピテンシー領域の内容が示されている[199]。

K1＝数学的に論証することができる

K2＝問題を数学的に解決することができる

K3＝数学的にモデル化することができる

K4＝数学的描写を活用することができる

K5＝図表、形式、技術を用いて数学を扱うことができる

K6＝数学的にコミュニケーションを取ることができる

図表4-5　初等段階・前期中等段階のコンピテンシー段階[200]

VERA 3	初等段階	VERS 8	基幹学校修了	前期中等学校修了
KS5	最適スタンダード	KS5		最適スタンダード
KS4	標準スタンダード＋	KS4	最適スタンダード	標準スタンダード＋
KS3	標準スタンダード	KS3	標準スタンダード＋	標準スタンダード
KS2	ミニマムスタンダード	KS2	標準スタンダード	ミニマムスタンダード
KS1	（ミニマムスタンダード未満）	KS1b	ミニマムスタンダード	（ミニマムスタンダード未満）
		KS1a	（ミニマムスタンダード未満）	

これらコンピテンシーの各段階は、以下のように定義されている[201]。

コンピテンシー段階1aの水準に位置する生徒にできることは、自然数を使って単純な工程での操作を行う、（単純な現実的なコンテクストにおける）自然にある分量をそれに関連した度量単位で表現する、平面的物体ないしは立体的物体（例えば、正方形、または、サイコロ）の名称を述べて概説する、簡略な数学的なテキストまたは描写からいくつかの情報を取り出す、内容的に割り当てられた単純な順序づけの際に、すぐその次の順番の組を確認する、単純な習熟した試行によって命中の見込みを数値に応じて比べる、である。

コンピテンシー段階1b（ミニマムスタンダードHSA）の水準に位置する生徒にできることは、評価可能な数学的状況に関する設定された論証を跡づける、既知の多面体とその展開図とを単純に関連づける、既知の幾何学的または代数的な物体や描写の際に、決められた方法を活用する、習熟した簡単な公式と記号を扱う、習熟し、直接認識できる数学的なモデルをなじみのある現実のコンテクストに応用する、習熟した試行によって事象の蓋然性（例えば、サイコロ、くじを引く）を計算する、である。

コンピテンシー段階2（標準スタンダードHSA/ミニマムスタンダードMSA）の水準に位置する生徒にできることは、簡単な標準的な論証を再現する、簡単な問題課題を周知の方法で解答する、（現実のコンテクストでの）簡単な数に関する資料を使って、少ない工程で直接転用できる操作を実施する、数学と現実とを単純に関係づける、簡単な複数の描写を使用して、両描写間を関連づける、単純な幾何学的な構成を作図する、複数の周知の描写間の相違を読み取る、初歩的な概念的知識を再現する、多くの既定の情報から重要な情報を選択する、である。

コンピテンシー段階3（標準スタンダードプラスHSA/標準スタンダードMSA）の水準に位置する生徒にできることは、見通しのつく数学的コンテクストにおいて自主的に簡単な論証をする、解答の際に容易に思いつく方略の使用を必要とする問題を扱う、適切な状況を数学的モデルにあてはめる、多くの手順を必要とせず、身近なコンテクストを含むモデル化に取り組む、単純な幾何学的な組み合わせを分析する、異なる描写間の相違を読み取る、変数、項、方程式、関数を使って、単一な工程での操作を実施する、わずかな措置での操作を数または値ですらすらと実施する、見通しのつく熟考、解決方法、ないしは、結果を分かりやすく表現する、である。

コンピテンシー段階4（最適スタンダードHSA/標準スタンダードプラスMSA）の水準に位置する生徒にできることは、見通しのつく多くの工程での論証を解説したり、開発したりする、解決の際に自分で開発した方略を必要とする問題に取り組む、複雑な現実のコンテクストにおける多くの工程でのモデル化を実施する、独自の表現を目標に即して作り出す、理解をめざして数学的操作を応用する、変数、項、方程式、関数を使って、多くの工程での操作を実施する。より長い数学的なテキストから目標に即して情報を取り出す、である。

コンピテンシー段階5（最適スタンダードMSA）の水準に位置する生徒にできることは、複雑な論証を解説したり、自分で開発したり、評価したりする、要求度の高い問題を扱い、解決方法を熟考する、複雑な数学以外の問題状況を自ら開発したモデルで扱い、用いた数学的モデルを熟考し、批判的に判断する、複数の描写の形式を判断する、数学的操作の活用の可能性と限界を熟考する、代数化を実施する、解決方法を評価する、複雑な数学的状況を提示する、膨大な、または、論理的に複雑な数学的なテキストの意味を読み取って把握する、である。

ZEPFが提供する学力データ（図表4-4）から、担当する学級の学力状況を把握することができる。担当する学級では、コンピテンシー段階1aは33パーセント、同1bは29パーセント、同2は9パーセント、同3は10パーセント、同4は14パーセント、同5は5パーセントである。学力水準が著しく低い生徒は校内の他学級と比べると相対的に低いものの、ミニマムスタンダードから標準スタンダードの水準域（コンピテンシー段階1b～2）以上の生徒の割合は、校内の他クラスの平均とほぼ同じである。また、コンピテンシー段階５の水準にある生徒が占める割合は５パーセントと少数ながら含まれている。この生徒は特別に優秀な児童であることが判断でき、その優秀さをさらに伸ばすための特別な支援を受ける教育機会を提供するかどうか検討することも考えられるし、特別な才能を有する優秀児が抱える生きづらさはギフテッドと呼ばれるが、そのことへの特別な支援も視野に入れて検討する必要がある。同図をフィードバック・データとして、自身が担当する学級の学力状況を把握することができる。

図表4-6では、担当する学級に所属する児童生徒一人ひとりの学力水準がコンピテンシー段階で表示されている。先の図表4-4において、コンピテンシー段階５の水準に到達した最優秀の学力水準に位置するのは、７の生徒で

生徒	コンピテンシー段階
1	KS1a
2	KS3
3	KS1a
4	KS1a
5	KS3
6	KS1b
7	KS5
8	KS2
9	KS1a
10	KS1b
11	KS4
12	KS1a
13	KS1b
14	KS1b
15	KS4
16	KS1b
17	KS2
18	KS1a
19	KS1a
20	KS4
21	KS1b

図表4-6　生徒の個別学力水準[202)]

あり、KS5と表示されている。各生徒にどの水準のどのような数学的コンピテンシーが身についているのか、そして当該コンピテンシー段階以上のどのような数学的コンピテンシーが身についていないのかは、先に示した各コンピテンシー段階の説明や課題別例題解説等を参照して判断することができる。

例えば、コンピテンシー段階2の水準に位置する8と17の生徒を取り上げてみる。この2人の児童はコンピテンシー段階2に位置している。このコンピテンシー段階では、「簡単な標準的な論証を再現する、簡単な問題課題を周知の方法で解答する、（現実のコンテクストでの）簡単な数に関する資料を使って、少ない工程で直接転用できる操作を実施する、数学と現実とを単純に関係づける、簡単な複数の描写を使用して、両描写間を関連づける」等はできる能力を有している。

しかしコンピテンシー段階3の「見通しのつく数学的コンテクストにおいて自主的に簡単な論証をする、解答の際に容易に思いつく方略の使用を必要とする問題を扱う、適切な状況を数学的モデルにあてはめる、あまり段階を必要とせず、よく分かっているコンテクストを含むモデル化に取り組む、単純な幾何学的な組み合わせを分析する」等には困難を抱えていることが予想される。コンピテンシー段階4以上の水準が求められる学習活動ではさらに顕著な困難に直面することが予測されることから、コンピテンシー段階2の水準に判定された生徒の指導の照準は、発達の最近接領域論[203)]からしても、まずはコンピテンシー段階3のレベルの学習活動に取り組ませるようにすることが適切だと判断することができる。

図表4-7は、設問ごとの正答率について州全体の平均と自身が受けもつ学級の平均とを比較するデータを提供している。図表の左から順に、設問（課題）、課題領域、コンピテンシー（ここでは数学的操作の内容）、正答率（上段：学級、下段：州）、州と学級の正答率の差の欄が設けられている。設問については、41の設問（小問16題を含む）ごとに示されている。課題領域は、コンピ

課題	領域	コンピテンシー	正答率 上段：学級 下段：州	差
1.1/温度計（*KS1a）	ZA	K4	90% 82%	+8
1.2/温度計（*KS1a）	ZA	K5	81% 75%	+6
2.1/課題の順序（*KS1b）	ZA	K2	67% 69%	−2
2.2/課題の順序（*KS2）	ZA	K1 K2	57% 57%	0
3.1/選択（S1b）	ZA	K4 K5	57% 68%	−11
3.2/選択（*KS3）	ZA	K5	29% 30%	−1
4/目盛と数（*KS1a）	ZA	K4 K5	76% 72%	+4
5.1/鉄道カード（*KS2）	ZA	K3 K5 K6	62% 63%	−1
5.2/鉄道カード（*KS3）	ZA	K3 K5 K6	38% 27%	+11
6.1/線分（*KS2）	ZA	K4 K6	52% 58%	−6
6.2/線分（*KS4）	ZA	K2 K6	10% 23%	−13
7/鍵（*KS1a）	DZ	K3 K6	81% 83%	−2
8.1/サイコロ振り（*KS2）	DZ	K3	57% 66%	−9
8.2/サイコロ振り（*KS2）	DZ	K3 K6	57% 60%	−3
9.1/赤・黄・緑（*KS1b）	DZ	K3	71% 65%	+6
9.2/赤・黄・緑（*KS4）	DZ	K1 K3	29% 25%	+4
10.1/フィットネスジム（*KS1a）	DZ	K4	62% 76%	−14
10.2/フィットネスジム（*KS1a）	DZ	K4	62% 67%	−5
11.1/最も好きな教科（*KS1b）	DZ	K2 K5	86% 78%	+8
11.2/最も好きな教科（*KS3）	DZ	K1 K2 K6	62% 55%	+7
12.1/制服（*KS4）	DZ	K4 K6	33% 48%	−15

12.2/制服（*KS3）	DZ	K4 K6	43% 38%	＋５
13.1/カフェ（*KS1a）	FZ	K5	76% 83%	－７
13.2/カフェ（*KS1a）	FZ	K5 K6	71% 71%	0
14/右カーブ（*KS1a）	FZ	K3 K4	76% 65%	＋11
15.1/温度（*KS1b）	FZ	K5 K6	57% 58%	－１
15.2/温度（*KS3）	FZ	K5 K6	48% 40%	＋８
16/規定値Ｘ（*KS1a）	FZ	K5	81% 79%	＋２
17.1/筆（*KS2）	FZ	K5	38% 40%	－２
17.2/筆（*KS2）	FZ	K5	38% 56%	－18
18/記念日のプレゼント（*KS3）	FZ	K1 K2	33% 47%	－14
19.1/充填行動（*KS2）	FZ	K3 K4	67% 63%	＋４
19.2/充填行動（*KS4）	FZ	K3 K4	24% 29%	－５
20/円形（*KS1a）	ME	K2	76% 84%	－８
21/全辺の長さ（*KS1b）	ME	K4 K5	48% 66%	－18
22.1/ボール箱（*KS2）	ME	K5	43% 47%	－４
22.2/ボール箱（*KS2）	ME	K2 K4 K5	62% 61%	＋１
23/長方形（*KS1a）	RF	K4	95% 88%	＋７
24/テーブルの図（*KS1a）	RF	K3 K6	81% 78%	＋３
25.1/内角（*KS4）	RF	K5	19% 24%	－５
25.2/内角（*KS5）	RF	K1 K5	14% 20%	－６

図表 4-7　設問ごとの正答率（州と学級の比較データ）[204)]

テンシー領域「数」はZA、コンピテンシー領域「測定」はME、コンピテンシー領域「空間と形」はRF、コンピテンシー領域「機能的関連」はFZ、コンピテンシー領域「数値と確率」はDZというように略号で示されている。コンピテンシーの段階は、K1＝数学的に論証することができる、K2＝問題を数学的に解決することができる、K3＝数学的にモデル化することができる、K4＝数学的描写を活用することができる、K5＝図表、形式、技術を用いて数学を扱うことができる、K6＝数学的にコミュニケーションを取ることができる、というように数学的コンピテンシーの構成要素がcan doの形式で略記されている。課題のところの丸括弧内はコンピテンシー段階を示している。

1.1の課題は「温度計」に関する設題である。この課題はコンピテンシー段階1aレベルの難易度であり、初歩的な設題である。この設題は、コンピテンシー領域「数」から出題されており、数学的描写を活用するコンピテンシー（K4）の習熟状況を確かめることができる。この設題への州全体の正答率は82パーセント、当該教師が担当する学級の正答率は90パーセントであり、州の正答率よりも学級の正答率の方が８ポイント高いことがわかる。

州全体の正答率よりも学級の正答率の方が10ポイント以上高いのは、5.2と14しかないのに対し、10ポイント以上低いのは、3.1、6.2、10.1、12.1、17.2、21の６問であり、そのうちの３問は15ポイント以上低くなっており、教師の指導方法は改善を要すると判断される。州全体の正答率よりも15ポイント以上低い３問については、K4「数学的描写を活用する」とK5「記号的、形式的、専門的に数学を扱う」のコンピテンシーに集中する傾向も読み取れる。

コンピテンシー領域別に見ると、「数」の領域は全体的には州と学級の正答率はほぼ同じくらいであるが、「数値と確率」の領域と「機能的関連」の領域は州よりも学級の正答率の方がやや低い傾向にある。「測定」の領域は、州よりも学級の正答率の方が断然低く、「空間と形」の領域は「数」の正答

	生徒	正答数・正答率	
1	m ND	15	37%
2	w	31	76%
3	m	6	15%
4	w	16	39%
5	m	33	80%
6	m	23	56%
7	m	38	93%
8	m	26	63%
9	m	14	34%
10	w	20	49%
11	w	37	90%
11	w	37	90%
12	m	17	41%
13	m	22	54%
14	w	23	56%
15	w	36	88%
16	w	22	54%
17	m	27	66%
18	m	13	32%
19	m ND	9	22%
20	w	36	88%
21	w	21	51%

図表4-8　各生徒の正答数・正答率[205)]

率とほぼ同じになっていることがわかる。

図表4-8は、生徒一人ひとりの正答数・正答率の一覧表である。正答数は41問中の何問が正答であったかを数字で示されている。mは男性、wは女性を、NDはドイツ語が母語でないことを表している。これらの記号以外にも、Sは言語能力が十分に発達していないこと、Fは特別な教育支援が必要なこと、KWは原級留置者であること、TMは教科数学において学習障がい傾向を示していること、TDは教科ドイツ語において学習障がい傾向を示していること、TD＋TMはドイツ語と数学の両方で学習障がい傾向を示していること、n.a.はローカルテスト実施日に欠席していたことを表す。

19の生徒は学級内で正答率が下から2番目に低い男の生徒である。教科数学において学習障がい傾向は見られないが、母語がドイツ語ではないことから、数学の能力と学習言語習得の両面から、どのような指導・支援を必要としているかを検討することになる。正答率80パーセント以上の生徒は6名いるが、男性2名、女性4名であり、理数系教科には成績において男性優位の傾向がみられがちだが、当該の学級における数学の成績上位者にはこうしたジェンダーの偏りはみられない。正答率40パーセント以下の正答率の低い生徒は6名いるが、このうちの5名が男子生徒であり、当該の学級においては、むしろ男子生徒の方に数学のコンピテンシー習得に困難を抱える傾向が読み取れる。

第6節　客観的データから自己診断へのアプローチ：ローカルテストに基づくリフレクション[206]

1　フィードバック・データの活用

ローカルテスト（VERA）が提供するデータは、移民背景や家庭における言語使用状況等、教師、児童生徒（親）、管理職への質問紙調査に対する結果、それらと学力との関係など、多角的に分析したデータを校長や教師に提供してくれる。ここでは、各コンピテンシー領域への達成度（学力）に関するフィードバック・データによる教師へのリフレクションの機会提供に焦点を絞り、検討する。

ローカルテストが提供する学校や教師にとっての「自己診断」フィードバック・データは、教師個人、教科等の教員組織、学校に対し、多面的な要因を視野に入れた解釈や原因を突きとめるきっかけを提供するだけでなく、各コンピテンシー領域における児童生徒一人ひとりの個別的な到達水準の把握に加え、主観に囚われがちな教師の自己評価に対し、授業改善につながる教師のマインドの変化を促すのに有効なデータだとされている[207]。

ローカルテストに基づく自己診断のためのフィードバック・データは、以下のように活用される。第一に、従来はそれぞれの児童生徒の記述物やクラス内での学習活動の様子を捉えて、教師が経験的に判断していた到達水準に加え、教師が予測した評定点とローカルテストの個別結果とを比較する機会の提供である。各コンピテンシーにおける児童生徒一人ひとりの到達水準と、教科担任が各児童生徒に期待していた到達水準とを比較し、これにより例えば、教師が見積もっていた期待が低すぎたなど、主観的な期待と実際の結果とのズレを認識することができる。授業中の手応えや感じとった自己の期待（児童生徒一人ひとりに対し、このくらいは解答できるだろうという期待）と、各コンピテンシー領域の実際の正答数を比較し、自己の見とりとフィードバック・データとを照合することにより、そこに省察が生まれ、教師自身の鑑識眼を高めることが期待されている。

第二に、KMK のコンピテンシー段階モデルで設定された5段階に沿った到達度の記述に照らして、教える内容と関連づけて把握することができる。各コンピテンシー領域の課題において、児童生徒一人ひとりに対し、できている課題、極端にできていない課題を確かめることができる。ローカルテストの各課題はスタンダード・セッティング法に従って、予めコンピテンシーの水準（難易度というよりも、パフォーマンスの複雑さの程度）が定められているので、絶対基準にしたがった学力の到達度の把握を可能にしている。

ローカルテストのフィードバック・データの種類、参画者、比較対象を一覧にしたものが図表4-9である。教師に提供されるフィードバック・データは、スタンダードの水準設定に基づく学級の成績の平均値、学級・学校・州ごとの各コンピテンシー段階別の割合、学校と州の個別課題別正答率、診断の適切性（任意参加）である。学校指導組織に提供されるフィードバック・データは、学校の成績の平均値、州全体・学校全体・学級全体の各コンピテンシー段階別の割合である。

ローカルテストを受けて、学校や教師にフィードバックされるデータグラフィックとそれが伝えるフィードバック情報を以下に捕捉する。

図表 4-9　ローカルテストのフィードバック・データ[208)]

フィードバックの内容	参画者	比較対象、参考資料
教師への結果のフィードバック		
教育スタンダードの尺度に位置づけた学級の平均値	教科担任、教科部会、学級担任部会	学校の平均値、州の平均値、多様な視点を設定した場合の各平均値
州・学校・学級のコンピテンシー段階別の割合	教科担任、教科部会、学級担任部会	比較グループのもの、コンピテンシー段階モデル、IQBの教授解説資料
州・学級の個別課題の正答率	教科担任と教科部会	比較グループのもの、IQBの教授解説資料
診断の正確性（任意参加）	教科担任と教科部会	客観的な結果を添え、評価された結果、IQBの教授解説資料
生徒個別の結果（到達したコンピテンシー段階、正答した課題の数・割合）	教科担任	学級全体の結果、これまでの成績、コンピテンシー段階モデル、IQBの教授解説資料
学校指導組織への結果のフィードバック		
学校の平均値	管理職、学校運営組織	他学級の平均値、州の平均値、多様な視点を設定した場合の各平均値
州・学校・クラスごとのコンピテンシー段階別の割合	管理職、学校運営組織、教科部会	他学級のもの、比較グループのもの、IQBの教授解説資料、コンピテンシー領域ごとのもの

2　学級の平均点

図表4-10は、学級の平均点を示す図である。横に伸びる4本の線は、前述のコンピテンシー段階の境界線である。ここで示されている平均点（学級の平均点は551ポイント等）は、項目反応理論などで算出された得点であり、過去の調査結果と現在の調査結果とを同一基準で比較できるように得点の調整がなされており、当該学級の生徒の得点の合計を人数で割った単純平均点ではない。スタンダードの絶対尺度を用いた学級の平均的な学力状況を示したものであることから、試験を受ける対象者が変わっても、学力が上がった

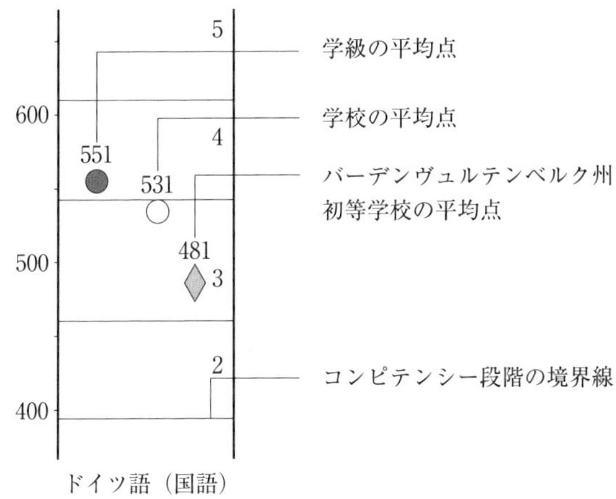

図表 4-10　教育スタンダードの尺度に基づく平均点[209)]

か下がったかの推移を把握することができる。この図では、学校全体の平均点、州全体の平均点も示されており、学校内の得点、州内の得点との相対比較をすることもできる。

このフィードバック情報から、教師や学校が振り返りや解釈をする視点[210)]として、第１に、クラスの平均的な成績と学校の平均点や国の平均点との乖離の把握である。例えば、数値がコンピテンシー段階の得点域の半分以上の差がついてるような場合には、その原因を振り返り、解釈し、手立てを考えるといったことである。第２に、指導経験や学校の状況、目標に基づく教師自身の期待値と実際の成績と比較し、想定外の乖離があれば、同様に自らの指導や自らがなぜそのように判断していたのかなど、自身の評価力や鑑識眼を省察する。第３に、男子・女子、ドイツ語・非ドイツ語の日常会話をする生徒の差など、個人特性に基づくデータもフィードバックされているので、その成績データとも照合することができる。

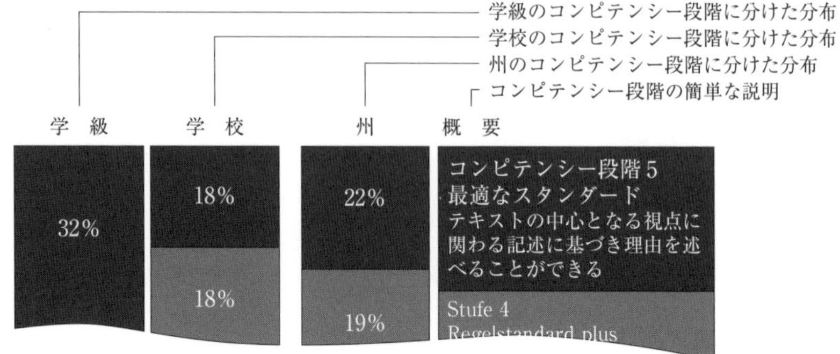

図表 4-11　コンピテンシー段階に分けた分布図[211)]

3　コンピテンシー段階に分けた学級の成績

図表4-11は、各コンピテンシー段階（図表右側参照）に分けた人数の割合を、学級、学校全体、州全体に示したものである。担当する学級のできる生徒とできない生徒の学力の分散状況を把握することができる。例えば、自分のクラスの生徒の分布は、比較対象グループと比べてどうなのか、目立つような乖離はないか、下位と上位のコンピテンシー段階への分布が偏っているといったことはないかなど、である。このフィードバック・データからも、教師自身の指導経験や研修受講歴、学校の状況、目標に基づく予測と実際の分布とを比較した場合に、想定外の乖離が見られれば、同様に自らの指導や自らがなぜそのように判断していたのかなど、自身の評価力や鑑識眼を省察するとともに、生徒の個別的な学習状況を理解したうえで、個に応じた最適な指導を提供していたかどうかを省察する。なお、各コンピテンシー段階の内容要件は、IQBが提供する教授解説資料（例えば、初等段階ドイツ語（国語）のコンピテンシー領域「話す・聞く」）[212)]において説明されているので、その資料と照合すれば特定のコンピテンシー段階に焦点化した指導のポイントを理解することができる。

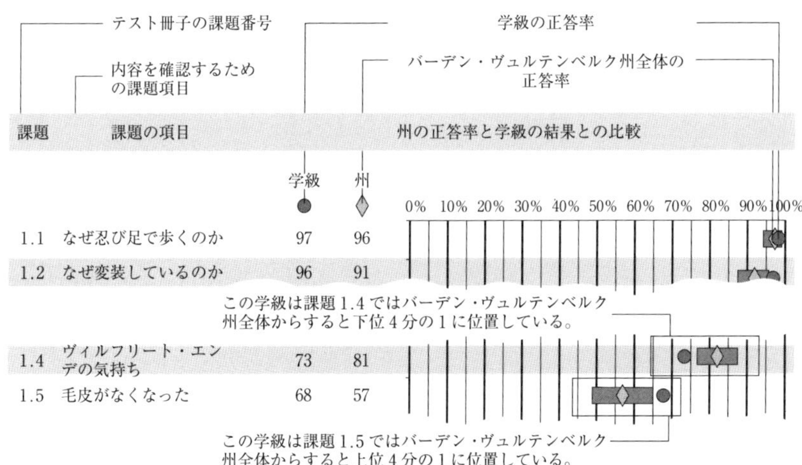

図表4-12　州の正当率と学校の結果との比較[213)]

4　課題の正答率

図表4-12は、州の正答率と学級の結果とを比較するデータを提供する。各テスト課題に対し、州との比較で各学級の生徒の正答率の平均値が示されており、個々のテスト課題及び課題全体に対し、学級の達成度を確かめることができる。

テスト課題1-5の当該学級の正答率は68パーセントであり、州の全学級の正答率は57パーセントである。担当する学級の達成状況は、このテスト課題において州全体からすると上位4分の1に位置している。このように図からテスト課題ごとに高い正答率、平均的な正答率、低い正答率のものを確かめ、個々のテスト課題と教科全体において州全体の平均的な達成状況との差を突きとめることができる。特定の課題グループにおいてそうなのか、課題の性質においてそうなのかなどを問うことで原因を突きとめ、指導を振り返り、授業改善の重点ターゲットを考察することができる。

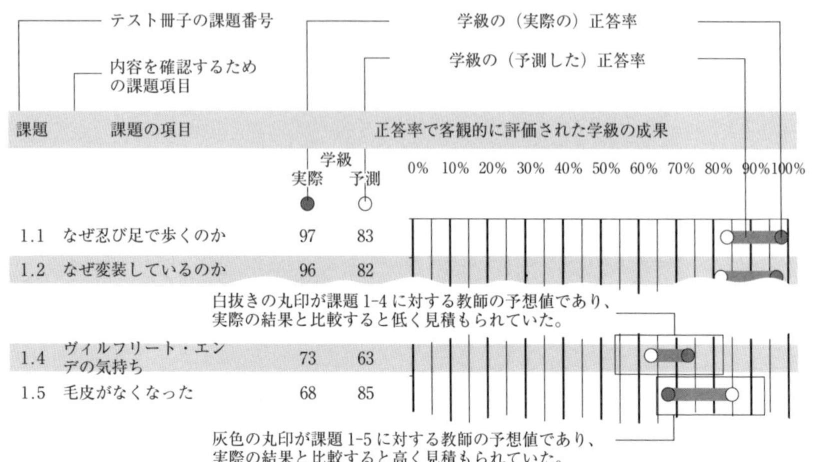

図表4-13　教師が事前に予測した正答率と実際の結果[214)]

5　診断の適切性

図表4-13が示すテスト結果に付与された照合機能は、個々のテスト課題に対する教師の正答率の予測が実際の正答率と比べて、どの程度一致していたかを明らかにしてくれる。これは任意参加ではあるが、教師が予め課題ごとに生徒の正答率の予測を入力し、その予測と実際の正答率とのズレを認識させるものである。図の課題1.1（なぜ忍び足で歩くのか）のケースは、学級の生徒の97パーセントが正答を導いている。さしあたり教師は、30人の生徒のうち25人、つまり83パーセントの生徒が正答を導くと予測していた。この課題に限っていえば、学級の達成度は14パーセント低く見積もられていたことになる。

このデータは、「診断の適切性」[215)]という自己の経験的アセスメント能力をリフレクションする機会を教師に提供するものである。客観的データと自己の経験との往還を促すことで、アセスメント（見とり評価）と指導のマッチングを向上させることが意図されている。

各テスト課題において、学級の実際の到達状況と教師の予測との差異、全体的に甘い予測をしているのか、厳しい予測をしているのかを突きとめることができる。この見とり（診断）が適切かどうかは、授業中の形成的アセスメントの重要な構成要素であることからすると、その見とり（診断）がうまく働いていない教師の下で適切な指導が行われているとは考えにくい。各課題や課題全体の予測から、検討会等に参加する各教師の見方や考え方を互いに比較・考察させることもできる。

6　各児童生徒の成績

図表 4-14は、各コンピテンシー領域における生徒一人ひとりの正答数と正答の割合を示している。表中の番号１の生徒を例に表が提供する情報を解読すると、その生徒は男子生徒であり、ドイツ語に学習困難を抱えていることが示されている（TD はドイツ語の一部に学習障がいを抱えていることを意味する。TM は同数学のケース。TD＋TM は両教科に学習障がいを抱えていること意味する）。コンピテンシー領域「読解」において、その生徒はコンピテンシー水準の第２段階に到達している。計23題のテスト課題のうち、正答は13題で

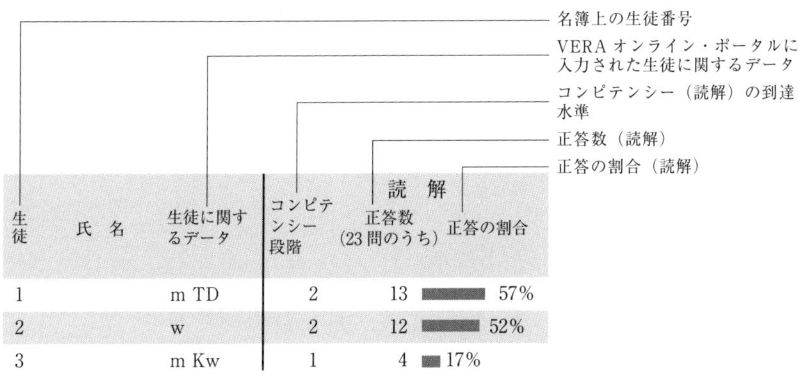

生徒	氏　名	生徒に関するデータ	コンピテンシー段階	読解 正答数（23 問のうち）	読解 正答の割合
1		m TD	2	13	57%
2		w	2	12	52%
3		m Kw	1	4	17%

図表 4-14　各コンピテンシー領域における各生徒の正答数と正答の割合[216)]

あり、正答率は57パーセントだったことがわかる。

このように、指導の結果としての生徒たちの学力状況の証拠を突きつけるデータではなく、確かな鑑識眼を身につけさせるようにするなどの力量形成のためのデータとして、そのデータをいかに活用し、改善行動につなげられるか、「データから改善行動へ」[217]というそのトータルな授業開発・学校開発のためのモニタリングシステムの構築が重要である。

第7節　ドイツの学力・学習状況調査の特色とわが国への示唆

日独を比較すると、ドイツの学力・学習状況調査の特徴は以下の3点に集約することができる。

第一は、ナショナルテストと州単位で実施されるローカルテストの実施目的を明確に定め、実施対象者（対象学年、抽出・悉皆）や周期（数年毎・毎年）を含め、使い分けている点である。ナショナルテストは、教育スタンダードの達成状況のモニタリング、教育課程の基準としての教育スタンダードのチューニング、学習の背景的・周辺的要因が学力に及ぼす影響の特定、特に、社会的公正の観点からの質保証に必要な、大きな政策のためのエビデンスデータの蓄積に重点が置かれていた。こうした調査目的であれば抽出調査で十分であろう。一方、ローカルテストの方は、学校開発や授業開発のための診断データの提供を目的とした調査である。学校・学級・生徒個別の診断データの提供には悉皆調査が適当である。マクロな教育モニタリングシステムと下部からのクオリティマネジメント（カリキュラム・マネジメント）という大きな二つの歯車を連動させてクオリティ向上の好循環システムを構築するのに、二種類の学力テストが、上からと下からのクオリティ開発システムにうまく噛み合った有効なデータ提供源になっている。

第二は、ローカルテストにみられるものであるが、教育現場に現状改善意欲を掻き立てるフェアな評価の実施である。学校の所在地で生徒の社会的文化的背景は大きく異なる。管理職の経営方針でしんどい生徒を多く受けもつことだってある。反面、比較的少人数で学級経営に困らない学級も存在する。フェアな評価とは、性差、身体的・精神的・心的障がい、移民背景、言語能力、家庭の社会経済文化的背景等の学習前提を考慮した、納得のゆく比較データを提供するものである。アンフェア感を理由にさせず、テストデータは自らが及ぼした影響（自らの指導）の結果だという意識を教師に醸成させる仕掛けである。テストデータを自分事化させることは、日独共通の課題である。メタ分析による学習の可視化研究で知られるジョン・ハッティが繰り返し教師に投げかけてきた「汝らが子どもに及ぼした影響を知りたまえ」[218]という言葉が思い起こされるところである。

第三に、テストデータを通してであれ、生徒の記述や作品などアナログデータを通してであれ、あるいは、教師間での協議等による授業経験の相互交流を通してであれ、教育行為の効果の見極めにおいて、データ知と実践知・経験知（客観と手ごたえ）はどれだけ互いに照合されているのだろうか。デジタルとアナログ、エビデンスデータと教職経験知（実践知）、平均と個別等は、ややともすると対峙するコンセプトとして捉えられがちなところがある。これら対極的な関係とみなされがちなコンセプトを、授業開発や学校開発という目的に収斂させることで牽引関係下に置き、両者を融合させて多角的な検討へと導くことが重要である。ワークライフバランス（WLB）下での職場環境の保持にも配慮するには、努力で時間を捻出することには限界があり、地道さと効率性とを兼ね備えた方式の開発が求められる。

ドイツのシステムからは、データをデータとして終わらせない、授業改善のためのデータ活用とともに、授業力やアセスメント力等の向上につながる人材開発のためのデータ活用を連動的に組織化していることが読み取れ、その仕掛けに学ぶところは少なくない。

［第 2 部］

認知能力と非認知能力（コンピテンシー）を育成するカリキュラム

第5章　バーデン・ヴュルテンベルク州 ビルドゥング計画

第2部では、バーデン・ヴュルテンベルク州とチューリンゲン州のビルドゥング計画を取り上げ、認知能力と非認知能力（同コンピテンシー）を育成するカリキュラムの構造的解明を図ることとする。ここでは、第1部で取り上げた学力格差の潜在的要因としての家庭の社会・文化・経済的な背景の影響を受けやすいとされる非認知能力と認知能力を結集・一体化し、その輻輳的・相乗的な育成が構想されていることから、認知能力と非認知能力を育成するための連関性の可視化をねらいとしている。

第1節　ビルドゥング計画におけるコンピテンシー概念の特色

1　垂直軸・水平軸の二次元構成で捉える能力概念

本章では、バーデン・ヴュルテンベルク州2016年版基礎学校ビルドゥング計画（Bildungsplan）[219]における統合教科「事実教授（Sachunterricht）」[220]を対象に、認知コンピテンシーと非認知コンピテンシーの構成的な選択と配置の在り方を解読した上で、統合教科として、両コンピテンシーを結集させ輻輳的・相乗的に育成するための連関性がどのように構造化されているのかを解明する。

コンピテンシーなどの新しい能力概念については、松下佳代が垂直軸と水平軸の2次元からの説明を試みている。その場合の垂直軸（深さ）とは、「能力を認知的側面だけでなく非認知的側面（情意的側面・社会的側面）を含むもの」[221]とし、「可視化しやすい認知的要素（知識やスキル）だけでなく、より人格の深部にあると考えられる非認知的要素（動機、特性、自己概念、態度、価値観など）をも含む」[222]としている。水平軸（広さ）は、「能力を汎用的（領域一般的）なものとみなしている」[223]ところに特徴を見いだし、「さまざまな状況を超えて一般化でき、しかも、かなり長期にわたって持続するような行動や思考の方法」[224]であるとする。他方、「垂直軸（深さ）を構成する各要素へのアプローチ」においては、要素主義的アプローチと統合的アプローチがあるという。要素主義的アプローチとは、特定の目的を設定し、能力が「いったんばらばらに切り離された後に、組み合わせて全体を構成する」[225]ものである一方、統合的アプローチの方は、ホリスティックアプローチと呼ばれている。それは「内的属性としてさまざまな認知的・非認知的要素を含んでいるものの、それらをリスト化することに焦点があてられているわけではない」のであり、問題解決など「ある特定の文脈における要求に対してそれらの要素を結集して応答する能力こそがコンピテンス」[226]（傍点筆者）であるとする。

バーデン・ヴュルテンベルク州のビルドゥング計画（事実教授）において、ここでいう垂直軸として非認知的側面までも含めた能力概念として、認知・非認知のコンピテンシーが、どのように選択・配置されているのか、そして多様なコンピテンシー要素がどのように「結集」されて、いかに連関性を有する教科カリキュラムとして構成されているか、という研究課題に迫ることとする。

2　パント解説から読み解くコンピテンシー概念のポジション

バーデン・ヴュルテンベルク州（以下、BW州と略す）の前基礎学校ビルドゥング計画は、2004年版である[227]。この学習指導要領は、国共通の教育スタンダード[228]の決議以前に作成されていたことを意味する。国共通の教育スタンダードの決議以後、現在に至るまで「ドイツ各州のビルドゥング計画やコアカリキュラム（学習指導要領：筆者）は、この拘束力のあるKMKの基準に合わせ、この基準に従い新たに作成された。その際に中心となったのは、ほぼ全般にわたり、一貫したコンピテンシー志向（Kompetenzorientierung）

に刷新することにあった」[229]ということある。

BW 州2004年版基礎学校ビルドゥング計画は、他州よりも早期にコンピテンシー志向を前面に押し出した学習指導要領を作成したという点では先見性があったのかもしれないが、国共通の教育スタンダード以後に展開された、コンピテンシー概念をめぐる教育学や教科教授学、教育実践の論議が十分に踏まえられておらず、そのことが今次改訂の理由にあげられている[230]。この間の大きな認識の変化として、パント（H. A. Pant）[231]が指摘するのは、「どのようにすれば教育システムの質を最高度に仕上げることができるのか、という問いへの国家的な見方が根本的に変化した」[232]ことである。「どのような教科内容や教材が学校で教えられるべきかを問うことに釘付けされるのではなく、生徒たちが各学校段階修了時までに、現実に何を知っていて何ができるのかを問うことに差し向けられた」[233]というのである。

これを換言すれば、学習指導要領等において、達成すべき目標を定めたり、

図表5-1　事実教授のビルドゥング計画[234]

学習するべき教育内容を示したりするインプット重視の教育改革に留まらず、教育を受ける受益者としての子どもたちが現実に能力をどの程度身につけたのかを鋭く問うことになるアウトカム重視への基調の転換である。このことは、結果として、生徒間に教育格差が生じていたとしても、この能力差を可視化する妥当な手段がなかったことも一因となっていた。コンピテンシー志向型カリキュラムは、生徒の学習状況や学習背景の可視化への期待も担っていたのである。

BW州の事実教授に関する過去約30年の動向を確認しておく。1994年版では「郷土・事実教授（Heimat- und Sachunterricht）」、2004年版では「人間・自然・文化（Mensch-Natur-Kultur）」、2016年版では「事実教授（Sachunterricht）」というように、改訂のたびに繰り返されてきた教科名の変更は、たんに名称の付け替えに留まらず、教科の統合的・分化的な再編を伴うものであり、このことがカリキュラム上の不安定材料になっていた。1994年から2004年にかけては教科の統合的再編が行われ、2004年から2016年にかけては、統合教科としての性質を維持し、「事実教授」の固有性を保証するために教科の分化的再編が行われ、教科「音楽」と「芸術・造形」を再度独立させて設置するとした。この事実教授をめぐる一連の教科の再編は、BW州に限られた動向である。ドイツ事実教授学会は、2002年に教科「事実教授」の学会版スタンダードを作成し、2013年にはその改訂版[235]を示したが、この改訂学会版スタンダードが一連の教科再編に終止符を打つのに貢献したとみられている。

3　ビルドゥング計画における認知コンピテンシーと非認知コンピテンシー

2016年版ビルドゥング計画において、コンピテンシー概念はどのように規定されているのだろうか。BW州文部科学省発行教師用解説書の説明に基づき把握しておく。同解説書によれば、コンピテンシー概念そのものは、「伝統的に行われてきたアカデミックな一般教育と労働界・職業におけるクアリフィケーションの目的とを架橋するため」[236]、三分岐型のギムナジウム、実科学校、基幹学校を統合する総合制学校（Gesamtschule）の設置が進んだ1970年ごろから、一般教養・学識と実学とを融合する意図を有して教育学領域で用いられ始めた。たとえば、ハインリッヒ・ロートは、『教育人間学』において、その時々の新たなアプローチや課題に対し、自身の能力を統合的に自由自在に操作・活用できる状態になることを「成人性（Mündigkeit）」と呼び、自己コンピテンシー、事象コンピテンシー、社会コンピテンシーの諸力を身につけた状態として解釈した（Vgl. Roth, Heinrich: Pädagogische Anthropologie Band II. Schroedel Verlag 1971）[237]。BW州1975年暫定版基礎学校学習指導要領（第一次案）でも、「行為能力（Handlungsfähigkeit）」を上位概念に位置づけ、その下位に「事象コンピテンシー（Sachkompetenz）」、「社会コンピテンシー（Sozialkompetenz）」、「コミュニケーションコンピテンシー（Kommunikative Kompetenz）」、「文化コンピテンシー（Kulturelle Kompetenz）」という4つのコンピテンシーを配置していた[238]。

2016年版ビルドゥング計画で用いられるコンピテンシー概念は、「教育心理学者F.E.ヴァイネルトが詳細に説明した、教育学、心理学、教授学において既に受け入れられていたコンピテンシーに関する合意」に基づくものであり、「同ビルドゥング計画の起草者は、この合意の上に明確な見解を打ちだすことにおいて、適切に取り扱っている」[239]と評価されている。

同ビルドゥング計画の目的を実現するのにコンピテンシー概念が果たす主な役割が5つ示されている[240]。第1に、ビルドゥング・プロセス（知的教育過程）と規範的教育プロセスの進行において、すべての生徒に伸ばすことが可能なコンピテンシーを際立たせることで、そのコンピテンシーの習得・獲得を求めているという点である。ビルドゥングとエアツィーウング（Erziehung）の一体化の下、ここでいうビルドゥング・プロセスが主に能力の認知的側面の形成に、そして規範的教育プロセスが主に能力の非認知的側面の形成に係るという理屈である。第2に、コンピテンシー概念は、can doステイトメントで知られるように、その概念を用いることで多様な課題や学習状況の克服を可能にする実践的で活用的な能力の育成を志向する点である。ここでのコンピテンシー概念は、「実生活」との関連を志向したり、すでに知っている行為の要求や新しい行為の要求を克服する中で知識や技能を柔軟に結びつけたりする求合的機能（生活との連関性や先行オーガナイザーとしての既有知・既有経験との接続性を喚起する働き）を有するものとして捉えられている。第3に、コンピテンシー概念は、自己調整能力（Fähigkeit zur Selbstregulation）、すなわち、思考（認知）、意欲（モチベーション）、手立て・方略（意思決定）の内的調整を求めるものとして、ここでも認知的・非認知的側面の輻輳性が説かれている。第4に、社会・コミュニケーション的な学習や行為、および、協同学習や行為への資質形成（Bereitschaft）や技法、自立的で自ら責任を自覚した学習（selbstständiges und selbstverantwortliches Lernen）がコンピテンシー概念には含まれる点である。つまり、社会・協同的な能力（社会コンピテンシー）と自律的な能力（自己コンピテンシー）をコンピテンシー概念に結集させているということである。第5に、コンピテンシーは、人間・共同体・本性（Natur）に対し、批判的で省察的な構えで臨むことを基本にしているという。このことは、コンピテンシー概念によりもたらされる学習像が、あたかもリスト化された能力の獲得を特色とするかのような、コンピテンシー概念への習得主義的な批判に与（くみ）せず、人間（他者）、共同体（社会）、本性（自己自身）に批判的・省察的に臨むという主体的学習者論から迫ろうとする説明といえる。

しかしながら、コンピテンシーを基盤にした教授・学習過程を十分に理解しない授業者においては、コンピテンシーを生徒に習得させようとする余り、授業の過度な定型化・定式化を生じさせたり、評価の一律化等を招き込んでしまったりするリスクを伴うことも事実である。それを回避するには、「たんに教材に向かわせるだけの授業構成（授業でどの教材が扱われなければならないか）に取って代わり、各教科における累積的なコンピテンシーの構築（最終的にあるコンピテンシーを獲得するのに、生徒は何をどのように学習しなければならないのか)」を実現させることで、「コンピテンシー構築の抽象的なイメージが教科教授学により紐解かれることで直観的にイメージできるものにする」[241]ことの重要性が強調されている。コンピテンシー概念が招き入れるかもしれない副次作用への注意喚起をパントは忘れていない。

コンピテンシーに関するこうした考え方を各教科共通の基盤にし、BW 州基礎学校ビルドゥング計画はコンピテンシー志向型カリキュラムを構成している。このカリキュラムでは、第1部で取り上げた学力格差の潜在的要因として、主に家庭の社会・文化・経済的な背景に起因すると考えられている非認知能力について、社会・協同的な能力（社会コンピテンシー）と自律的な能力（自己コンピテンシー）を認知能力とともに結集・一体化して育成することが構想されている。

第2節　統合教科カリキュラムではコンピテンシーはどのように構成されているか

1　統合教科「事実教授」の学習プロセスコンピテンシー

教師用解説書では、学習プロセスコンピテンシー（Prozessbezogene Kompetenzen）についても一般原理が説明されている。この学習プロセスコンピテンシーは、「学校修了時までの教育過程において形成する教科横断的コンピテンシー、一般コンピテンシー、教科コンピテンシーとしての特徴を有し」ており、「各教科においてテーマ（コンテンツ：筆者）を超えて連続的に伸ばしていくことができる」[242]という。

こうした一般原理に導かれる学習プロセスコンピテンシーは、統合教科「事実教授」においては、どのような固有性を有するものとして説明されているのであろうか。事実教授は、「子どもたちが諸感覚を使い、出会いとやりとりの中で外界を体験したり、多様な方法で外界を調べたり、理解することを学んだりする」[243]統合教科であり、そのような統合教科特有のアプローチに必要なコンピテンシーとして位置づけられている。子どもたちが他者と対話的・協同的に学習するには、「自らの経験やイメージ、知っていることを他者と分かち合う」[244]ことが必要になる。子どもたちが形成コンピテンシー（Gestaltungskompetenz）や行為コンピテンシー（Handlungskompetenz）を獲得すると、「音楽的・芸術的な所作、自然科学的・技術的な現象、社会・文化的な所作に気づいたり、振り返ったり、形づくったり、位置づけたりする」[245]ことができる。子どもたちが外界に働きかけると、外界からも働きかけられる。この外界との相互作用を通して、外界の事象（人・もの・こと）が織りなす現象や仕組み・構図を認識したり、創造的・創作的な活動を行ったりする。このように、外界に迫り、外界を解明し、外界に働きかけるための能力が学習プロセスコンピテンシーである。この学習プロセスコンピテンシーは、音楽、芸術/造形、事実教授の各教科に共通に設定されている。これら３教科は2004年版ビルドゥング計画では統合した１つの教科「人間・自然・文化」として教えられていたために、ここでは３教科共通のコンピテンシーとして定められている。

後述する図表5-3で描かれているように、縦糸と横糸で織りなされる事実教授の布地のイメージ図の通り、この学習プロセスコンピテンシーは、以下の５つの構成要素からなる[246]。

①外界を体験し、認知する。

②外界を調べ理解する。

③コミュニケーションをとり了解し合う。

④外界で行動し、外界を形成する。

⑤振り返り、位置づける。

上記５つのうち、①②④は外界（生活環境や地域の自然・社会環境）とかかわる学習活動、③は多様な人とかかわる学習活動、⑤は外界や他者とかかわり、人的・社会的・自然的環境に対する自己（私・私たち）の考えや行動の仕方を検証するなど、自己省察を通して自己自身とかかわる学習活動である。

図表 5-2　事実教授の学習プロセスコンピテンシー

コンピテンシー	生徒たちは、……	can do リスト
①外界を体験し認知する	・学校内外の学習場所で諸感覚を用い、表現物や出来事、状況や現象とかかわりをもつ。 ・自分自身や外界を多様に認知する。 ・外界への感受性、開放性、関心、好奇心を広げる。 ・自分の気づいたことを洗練したり、印象を言葉にしたり、美的経験を質問・収集したりする。	(1)共生の社会的外形、諸機関、自然現象、建造物・発見など、自然現象や文化現象に取り組み、それらの不思議さに気づき、集中して取り組むことができる。 (2)自身の身体への気づきや健康維持、日常的な自然現象との深いかかわり、空間の意識的な気づきなどを通して、造形、音、現象の領域で基礎的な気づきを深めることができる。 (3)目下の時間にかかわる出来事、自然現象、昔から存在する歴史物、現在と未来の変化と向き合うなどして、イメージを膨らましたり、関心に導かれた問いを立てたりすることができる。
②外界を調べ理解する	・文化や自然の多様な現れ方を認識・記述・比較し、それを美的に表現する過程に用いる。 ・調査や実験を中心にして、オープンエンドの基本的な態度を認める。 ・外界を調べたり知識を獲得したりする方法を習得する。 ・直観的かつ計画的に試したり、結びつけたり、構成したりする。 ・分析したり、解釈したり、説明したりする。 ・芸術の多様な方法、メディア、素材、道具を使う。	(1)自然界の簡単な規則性、物質の性質、簡単な技術や関連性、構成原理、空間・時間感覚・時間意識への方向づけ、自身のバイオグラフィー、今のものと昔のものの多様性や違いなどに関連づけて、諸経験を比較したり整理したりしながら、多様なコンテクストに関連づけることができる。 (2)考察する、観察する、モデル化する、調査する、実験する、計画的にやりとりする、構成する、分解する、探究する、集める、整理する、変化をつけるなどして、外界を調べたり知識を獲得したりする方法を活用することができる。 (3)図表やグラフ、試行記録・観察記録・経過記録、簡単な人物描写、カード、時間の使い方、ポートフォリオ、ワークブック、スケッチ、写真などを用いて、視覚・触覚・聴覚の経験、学習のやり方、プロセス、認識したことを、自分に合ったやり方で記録することができる。メディアがあればデジタル化した記録を作成することができる。 (4)道具、設計説明書、略図を用いて適切に実行すること、地域図、地図、衛星写真に代

		表的な空間的特殊性を見つけることなどを通して、教科で用いる技能を活用したり、深めたり、広げたりすることができる。
③コミュニケーションをとり了解し合う	・他者とコミュニケーションをとりながら、他者の考えや経験、認識、関心や情意を知り、自己のそれらを表現する。 ・多様な表現方法と関連づけながら、他者と建設的にコミュニケーションしたり、協同的に活動したりする。 ・自己の答えを受け入れたり、多様な他者の答えを尊重したりする。 ・日頃の言葉で基礎を学び、次第に専門概念を用いることができる一方、気づいたこと、推測したこと、観察したこと、やったこと、過程や解明したことを比べる。 ・年齢や目的に適したメディアを使い、知識や巧みさをプレゼンテーションしたり、交流したりする。	(1)争いを克服したり、解決したりするための方略と関連づけたり、自身の実験を計画したり実施したりして、また、技術生産物を計画したり組み立てたりしたり、個別の学習方法や解決方法を計画したり実行したり最適化したり、交通手段を比較したりするなどして、アイデア、学習方法や解決方法、獲得した知識、自身の考えを表現したり、理由づけたりすることができる。 (2)身振り手振り、身体言語、言葉、役割演技、パントマイム、議論、投票、質問紙、略図、図表、写真、文字、使える環境にあればデジタルなどで、コミュニケーションの多種多様な方法を用いることができる。 (3)願いや欲求、自己主張、自身の長所・短所、好みや嫌悪感、ノーを言うこと、「郷土」と「外から来た人（よそ者）」という視点を考慮しつつ、自身の思考、気持ち、印象、経験、興味を意識して適切に伝えたり、他者のそれらに気づいたりすることができる。 (4)実物、ポスター、壁新聞、学級新聞、設計図、使える環境にあればデジタルメディア、映像、かかった時間など、わかったことや結果をプレゼンテーションするメディアを用いることができる。
④外界で行動し、外界を形成する	・生活環境を形成することに積極的にかかわる。 ・自ら計画立てたり、イメージを膨らましたり、認識したりしながら行動し、責任を引き受ける。 ・長期間の活動でも、粘り強く集中して事象に取り組む。 ・何かを形づくるのに計画したり実行したり、始めた時のことと結果を振り返ったり、別のやり方を	(1)暴力を回避する方略を視野に入れ、休日の行動や休日の過ごし方、メディアとの向き合い方、緊急時の行動、道具・素材・電気器具の適切で安全な使い方、道路通行における行動、時間との交わり方など、獲得した認識から結論を導きだし、日ごろどのように行動すべきかを考えることができる。 (2)学級・学校・家族・協会に属する他者との間で、学校での文化祭に参加することを通して、家族や学級で役割を引き受けることを通して、分業しての物づくりと関連づけたり、学級内の植物や動物の世話や手入れを視野に入れたりして、可能な範囲内で、

	編み出したりする。	共同体的な生活を形づくるための責任を引き受ける。 (3)決定プロセスや形成プロセスへの参加を通して、購入時の意思決定を通して、環境保護や自然保護の措置と関連づけて、ゴミの減少・分別・処理・活用を視野に入れて、責任を自覚したエネルギー資源との交わりを通して、すべての人にとっての生活基盤としての持続可能な行動様式に転換させる。
⑤振り返り、位置づける	・自然や文化とふれ合い、自分自身や身の回りの環境について考える。 ・自己の考えや他者の考えを検証したり、振り返ったりする。 ・自身の活動結果を表現し、他者の活動結果を受け入れ適切かつ多様に評価する。 ・獲得した知識や技能を話し合いや振り返りの場面で活用する。 ・ある事象に対し、自分の立場を問題や状況に関連づけたり、理由づけたり、主張したりすることや、他者の立場を尊重する能力を身に付ける。	(1)学級や学校において行事を開催する時、争いの解決や回避、社会的に関係する行動において、メディアの利用や栄養教育や環境保護に関連づけるなどして、自身の行動を振り返ったり、自分なりに形づくることの可能性を見積もったりする。 (2)今と以前の他者の考えや見方に立つことを通して、多様性をノーマライゼーションとして体験することで、生きたインクルージョンとして、「異質性」、基本権や児童の権利、動物、道路交通における行動や留意事項、現在と過去における多様な生活世界や生活様式と向き合いながら、感情移入力を発達させたり見方を変えたりする。 (3)多様な生活領域における仕事の配分、ニュース、事例、技術の進歩、生活条件の変化、史資料など、情報、実態、状況、発展を評価する。 (4)休日の過ごし方、自分を発見する計画・開発、模範としての自然の助けを借りて、自分の人となりの一端として創造的行為を吟味し活用する。 (5)共生のルールやルーチンを定めるとき、学級や学校で責任を引き受けるとき、異なる考えや見方について理由を挙げて拒否するとき、文化の多様性や個々人の多様性を寛容に受け入れる。 (6)休日の過ごし方を調べたり形づくったりするとき、健全で持続可能な生活態度と関連づけ、教科特有の内容の意味について教科を超えた自分の生き方として振り返る。

（「事実教授」のビルドゥング計画（S. 9-12）に基づき筆者作成）

これら学習プロセスコンピテンシーは、交互に関連づけたり、時と場合により重点化を図ったりなどして、授業の学習過程に組み込まれるものである。

2　統合教科の教科内容コンピテンシー

ビルドゥング計画に示された事実教授の教科内容コンピテンシーは２つの特色を有する。第１は、ドイツ事実教授学会が作成した改訂版学会スタンダード（2013年）に基づく一方、コンピテンシー志向型カリキュラムとしての特質を備えている点である。

先に述べたように、ドイツ事実教授学会は、統合教科「事実教授」の学会版スタンダードを2002年に完成させ、2013年にはその改訂版を示した。BW州2016年版事実教授のビルドゥング計画では、この「学会版スタンダードが示した５つの展望と結びついている（GDSU 2013）」[247)]と明示されている。ここでいう５つの展望とは、「社会科学、自然科学、地理学、歴史学、技術の展望のことであり」、これらは５つの教科内領域に分けられているように見えるかもしれず、仮にそこに教科内分化の論理が働くことになると、統合教科としての結合性・連関性は失われてしまう。そのため、学会版スタンダードでも二視点融合論[248)]の重要性が強調された。

この二視点融合論は、同ビルドゥング計画においては、以下のように解釈され示された。その解釈では、「教科特有のコンピテンシーを切り開くために、科学的な教科の論理の基本的な違いを認めて、子どもたちの世界理解と連結させる一方、展望として整理された内容を網目状に張り巡らせネットワーク化してつなぎ合わせることが大切である」[249)]と示された。もちろんこれだけでは教科内分化の論理に歯止めがかからないかもしれない。そのため、「これは、教科内分化により分離したかたちでの子どもたちの世界理解へと譲歩するということではなく、生活現実のリアルな諸問題はそもそも複合的なものであり、多視点的・ネットワーク的にでないと解決できないものであるという状況を考慮してのことである」[250)]と踏み込んだ説明を試みている。

現実の生活環境に現出する諸問題の複合性を視野に入れると、その問題解決もネットワーク化されたアプローチをとる必要があり、そこに統合教科の内容として多展望性（統合性）、そしてアプローチの複合性・ネットワーク性を解き明かすことで、「統合」教科の固有性を説明する論理を提示していると考えられる。

第2は、同ビルドゥング計画がコンピテンシー志向型カリキュラムとしての特質を備えているという点である。このカリキュラムをスタンダードとは呼ばず、従前通りの名称（ビルドゥング計画）を引き継いでいる。しかし、事実教授のビルドゥング計画のうち、教科内容コンピテンシーを示すその第3章に限っては、章題を「内容に関連づけられたコンピテンシーのためのスタンダード（Standards für inhaltsbezogene Kompetenzen）」としている。このBW 州2016年版の全般において、教科内容コンピテンシーは、教科内容のスタンダードとして、「第4・6・9・10・12学年の各時点までに、何ができ

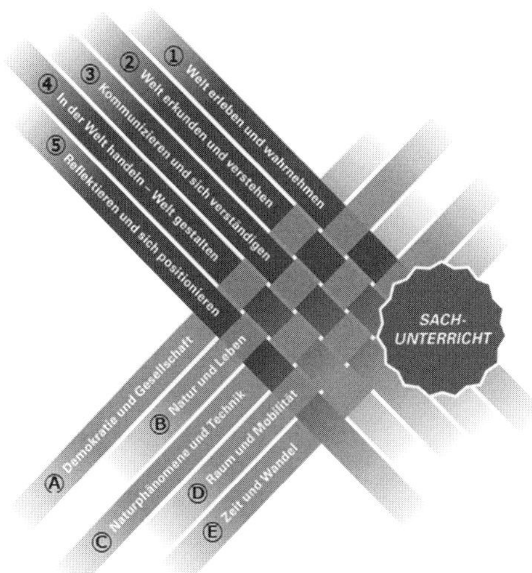

図表 5-3　学習方法コンピテンシーと教科内容コンピテンシー[251)]

るようになっているのか、何がわかっているのかを定めたものである」[252]としている。これは、関門学年を設けることで、教授者側のみならず学習者側にも到達目標を可視化して、学習者の個別学習状況を把握することをねらっている。個別最適化された学びの実現のためには、子どもたちの個別学習状況の診断と理解が不可欠だからである。

では、縦糸と横糸で織りなされた事実教授という布地のメタファーを描いた図表5-3にしたがうと、教科内容コンピテンシーはどのような内容により構成されているのだろうか。

［教科内容コンピテンシー[253]］

Ⓐ民主主義と社会

Ⓑ自然と生活

Ⓒ自然現象と技術

Ⓓ空間とモビリティ

Ⓔ時間と変遷

基礎学校ではこれに実験（Experiment）が加わる。

Ⓐの「民主主義と社会」の教科内容コンピテンシーは、第1・2学年では、⒜地域の生活、⒝仕事と消費、⒞文化と多様性の各テーマで構成される。第3・4学年では、⒜⒝⒞に⒟政治と目下の出来事が加わる。Ⓑの「自然と生活」の教科内容コンピテンシーは、第1・2学年、第3・4学年共に⒜身体と健康、⒝自分たちの生活空間にいる動植物の各テーマで構成される。Ⓒの「自然現象と技術」の教科内容コンピテンシーは、第1・2学年では、⒜自然現象、⒝物質とその性質、⒞建物や構造物で構成される。第3・4学年では、⒜⒝⒞に⒟エネルギーが加わる。Ⓓの「空間とモビリティ」の教科内容コンピテンシーは、第1・2学年、第3・4学年共に⒜空間における位置感覚、⒝モビリティと交通の各テーマで構成される。Ⓔの「時間と変遷」の教科内容コンピテンシーは、第1・2学年では時間学習を中心に、⒜時間と時間サイクル、⒝過去・現在・未来で構成され、これが第3・4学年になると、

時間学習から歴史学習への移行を図るために、(a)過去・現在・未来、(b)時代の証言、時代の証言者、史資料で構成される。

基礎学校に設けられた「実験」の教科内容コンピテンシーは、第1・2学年では、「身体と健康」、「自分たちの生活空間にいる動物や植物」、「自然現象」、「建物と設計図」、「モビリティと設計図」にかかわる合計10の実験が、第3・4学年では、「モビリティと設計図」が「エネルギー」に代わること以外は第1・2学年と同じであるが、自然現象に関する実験の充実が図られており、合計14の実験のうち8つの実験が自然現象関連の実験として設定されている。

上記でも説明したように、2016年版事実教授のビルドゥング計画は、縦と横に織りなされた一枚の布地のように、学習方法コンピテンシー（①～⑤）と教科内容コンピテンシー（Ⓐ～Ⓔ）とが網目状に張りめぐらされた格子状モデルを基盤に構成されている。かつて実質陶冶と形式陶冶のどちらを優先させるのかを巡る論争があったが、学習方法コンピテンシーが形式陶冶に相当し、教科内容コンピテンシーが実質陶冶に相当する[254)]とすれば、同ビルドゥング計画（事実教授）は、形式陶冶と実質陶冶[255)]を編み合わせた編成構造を有しているといえる。

第3節　教科内容コンピテンシー「時間・変遷」の授業展開

ここでは教科内容コンピテンシーⒺの「時間・変遷」を例に、基礎学校期の授業展開を考察する。この教科内容コンピテンシーは、統合教科らしい授業展開を保持しつつ、就学前教育とともに後続する中等教育段階の教科「歴史」を展望して設定されている。

1　第1・2学年の展開例

第1・2学年では、「時間と変遷」の教科内容コンピテンシーにおいて、「時間と時間サイクル」と「過去・現在・未来」の2つの単元が構想されている。

「時間と時間サイクル」の単元では、時間という現象に多様な方法でアプローチし、時間・期間・時期・時代といった様々な時間概念で捉えられるようにしたり、時間を構成する時間概念を活用したり、時間を計る多様な道具を用いたりすることが意図されている[256]。

各単元は、問いの形式で内容を示す「思考のゆさぶり（Denkstöße）」、can do リスト（児童は〜することができる）の形式で示す「コンピテンシー構成要素（Teilkompetenz）」、学習プロセスコンピテンシーとの関連（P）や教科内他単元との関連（I）、他教科との関連（F）や指導的展望（現代的教育課題）との関連（L）、幼児教育のオリエンテーションプラン[257]との関連（O）を記号で示す連関性の表示、という3つのゾーンで構成されている（図表5-4参照）。

「思考のゆさぶり」のゆさぶりに相当するStoßとは、衝撃、ショック、ゆさぶり、突くことなどを意味する。この語意の通り、思考のゆさぶりとは、学習者の内面に働きかけて常態に揺らぎ（興味・関心や驚き・知的好奇心など）をもたらそうとする、教授者側が学習者側に働きかける行為であり、「子ど

図表5-4　教科内容コンピテンシー「空間とモビリティ」の例[258]

思考のゆさぶり	コンピテンシー構成要素
	生徒たちは……することができる。
子どもたちの生活環境にある場所を利用して調べるのに、学校はどのような機会を設定することができるだろうか？	(3)生活環境の中の選択された場所とその活用方法について詳しく説明する（遊び場所、買い物場所、居住場所、学習場所など） P　2.5　省察・位置づけをする I　3.1.2.2　生活空間にいる動物や植物 F　KUW　子どもたちは自分たちの環境に気づく L　BNE　持続可能な発展の意味とリスク O　A1 S. 113, B6 S. 18

注記）小単元「空間への方向づけ」より一部抜粋。連関性を表示する記号は、各小単元に必ず5種類すべてが表示されているわけではない。

もたちの認識発達の原動力としての矛盾の激化とそれを統一しようとする意識的追求に立ち向かう契機となる働きかけ」[259]として捉えられてきた。教師の働きかけにより子どもが変化を感じとり、「子どもたちがみずから驚きや喜びをもって探究し、発見する」[260]ように導く機能を有する、すぐれた教授学的行為の一つとして認められてきた。ビルドゥング計画では、各単元レベルにおける具体的な教育内容をこの思考のゆさぶりを通して提示し、その思考のゆさぶりはすべて問いの形式（疑問形）をとることで、教育課程の基準として示す教育内容で子どもたちの内面が揺り動かされ、それにより子どもたち自身が主体的に取り組む学習内容に転化させる意図が働いていると考えられる。

この思考のゆさぶりは、基礎学校における授業方法のメルクマールであり、そこでは「幼児教育のオリエンテーションプランとの結びつきを理解させ、多様性に富む移行の在り方、教師の省察、基礎学校における授業開発・学校開発のプロセスにインパクトを与える」[261]働きをすることが想定されている。

「時間と時間サイクル」の単元における思考のゆさぶりは、第一に、日付、1日の経過、週間計画、仕事時間など、時間をどのように習慣化させるか、時間の見方をどのようにビジュアル化するか、というものである。第二に、食事の時間、車座での語り、読書時間など、周期的な時間サイクルの理解は、規則的に繰り返される具体的な体験によりもたらされるというものである。毎日繰り返されたり、毎週繰り返されたりする行為を認識させることが重要となる。また、一年の周期において学校や学級で行われる行事も周期的な時間サイクルで捉えられることを具体的にイメージさせ、理解させる。第三に、ある行動に必要な時間を見積もったり計ったりすることを通し、時間感覚を発達させたり、人の一生について、時間という概念がなかったら、主観的な時間体験など、子どもたちの生活世界のどのようなテーマが哲学するのに適しているかを考えさせたりすることである[262]。

第1・2学年の単元「時間と時間サイクル」で習得する教科内容コンピテ

ンシーの構成要素は、第一に、分、時間、日、週、月、年といった直線的な時間概念や、時計やカレンダーといったツールが使えるようになることである。この教科内容コンピテンシーに関連する学習プロセスコンピテンシーは、「外界で行動し、外界を形成する」（Ⓟ：図表5-2の④）である。他教科の関連する教科内容コンピテンシーは、教科「動作、遊び、スポーツ」の「走る・跳ぶ・投げる」（Ⓕ）と教科「数学」の「大きさと測定」（Ⓕ）である。「幼児教育のオリエンテーションプラン」の該当ページを明示することで、就学前教育との関連（Ⓞ）も具体的に示されている。

教科内容コンピテンシーの構成要素の第二は、一日の仕組み、一週間の仕組み、四季などの周期的な時間概念、時間計画、一日計画、週間計画、一日の周期、一年の周期といった時間を区分したり構成したりする操作ができるようになることである。他教科の関連する教科内容コンピテンシーは、教科「数学」の「大きさと測定」（Ⓕ）と教科「音楽」の「声と交わる—発声訓練と歌うこと」（Ⓕ）である。先の教科内容コンピテンシーと同様に、就学前教育との関連（Ⓞ）も具体的に示されている。

教科内容コンピテンシーの構成要素の第三は、終わりのある現象とも、終わりのない現象ともいえる時間を把握したり体験したりしながら、相互の関連づけを図り、適切に時間が設定できるようになることである。この教科内容コンピテンシーに関連する学習プロセスコンピテンシーは、「外界を調べ理解する」（Ⓟ：図表5-2の②）である。他教科の関連する教科内容コンピテンシーは、教科「数学」の「大きさと測定」（Ⓕ）である。就学前教育との関連（Ⓞ）も具体的に示されている。

以上のことから単元「時間と時間サイクル」では、5つの連関性の表示のうち、学習プロセスコンピテンシーとの連関による内容と方法の統合的取り扱いの可視化、他教科の教科内容コンピテンシーとの連関による教科横断的取り扱いの可視化、就学前教育との幼小連関による縦断的取り扱いの可視化という3側面からの連関性の強化において、重厚なカリキュラム上の連関措置が取られていることがわかる。

次に、単元「過去・現在・未来」では、自分にとって意味のある時間・期間・時期・時代といった時間の空間的広がりに向かわせることや、昔の子どもの世界に目を向けさせたり、そこで認識したことを現在の生活と関連づけたりしながら、過去の出来事を並べさせたり適切なメディアを用いてその結果を表現させたりすることが意図されている[263)]。

単元「過去・現在・未来」の単元における思考のゆさぶりは、第一に、一対の写真、インタビュー、残存する場所への訪問、映画の有効活用等を通し、自分にとって意味のある出来事やその出来事と関連する変化を把握することである。第二に、絵画鑑賞や作画、共に哲学することなどを通し、子どもたちの認識に基づき、未来の発展について熟慮するように動機づけることである[264)]。

第１・２学年の単元「過去・現在・未来」で習得する教科内容コンピテンシーの構成要素は、第一に、自身のバイオグラフィー、家族史、学級史などを通し、自分の生活における重要な出来事を整理し、時間軸に表現することができるようになることである。この教科内容コンピテンシーに関連する学習プロセスコンピテンシーは、「外界を調べ理解する」（[P]：図表5-2の②）と「コミュニケーションをとり了解し合う」（[P]：図表5-2の③）である。統合教科「事実教授」内の統合的措置は、単元「共同体での暮らし」（[I]）と結びつけて取り扱うことである。指導的展望（Leitperspektive）では、「メディア教育（メディア・ビルドゥング）」の「制作物とプレゼンテーション」（[L]）との関連が構想されている。

教科内容コンピテンシーの構成要素の第二は、学校や家庭、遊びや余暇、昔と今など、日常の例から、変化したものや継続しているものを認識し、自己の生活と比較できるようになることである。教科内容コンピテンシーに関連する学習プロセスコンピテンシーは、「外界を調べ理解する」（[P]：図表5-2の②）である。教科内の統合措置としては、単元「仕事と消費」（[I]）

や単元「文化と多様性」(I) と結びつけて取り扱うことである。

以上のことから単元「過去・現在・未来」では、5つの連関性の表示のうち、学習プロセスコンピテンシーとの連関による内容と方法の統合的取り扱いの可視化、教科内の教科内容コンピテンシー間の連関による統合的取り扱いの可視化、教科の枠を超えたテーマ（「現代的教育課題」）を扱う指導的展望との連関による汎用的取り扱いの可視化という3側面からの連関性の可視化において、重厚なカリキュラム上の連関措置が取られていることがわかる。第1・2学年の教科内容コンピテンシー「時間と変遷」は、2つの単元（単元「時間と時間サイクル」と単元「過去・現在・未来」）で構想されていた。2つの単元を通して見ると、5つの連関性のすべてが表示されていた。単元「時間と時間サイクル」では、幼児教育のオリエンテーションプランとの連関性が3つ示されている一方、単元「過去・現在・未来」ではオリエンテーションプランとの連関性は表示されていない。このことから、「時間と時間サイクル」の方は幼児教育との接続に配慮した単元として、「過去・現在・未来」の方は小学校低学年教育の新出的な内容を扱う単元として、それは同時に第3・4学年との架橋的な単元として構想されていることがわかる。

2　第3・4学年の展開例

第3・4学年では、「過去・現在・未来」と「時代の証言、時代の証言者、史資料」の2つの単元が構想されている。「過去・現在・未来」は第1・2学年から継続して扱われるテーマである。

このうちの「過去・現在・未来」の単元では、より長い時間・期間・時期・時代といった時間の空間的広がりに向かわせる。過去に関する問いを立てたり、史資料を使って調べたり、結果をプレゼンテーションしたり、過去と現在の自分たちの暮らしとを関連づけたりしながら、未来に開かれたものとして移り行くもの（変遷）に気づくようになることが意図されている[265]。

「過去・現在・未来」の単元における思考のゆさぶりは、第一に、居住地域の周辺環境において、過去の生活様式のなごりがどこに残っているのか、歴史認識を構築するのに子どもたちをどのようにサポートすればよいか、というものである。また、問い集めや目下の話題集めなどを通し、授業中に子どもたちの歴史への関心や問いかけをどのように拾い上げればよいか、ということも構想する。第二に、過去への想像旅行、役割演技、図上演習など、どのような方法を用いれば、過去への展望から当時の状況の考察が可能になるのか、そして、郷土空間に関する知見を得るには、授業において、地域の資料館、郷土協会、博物館、前世代の人たちなど、どのような連携協力者とコンタクトをとればよいか、ということと併せて構想する。第三に、子どもたちにとって発展はどのようにビジュアル化すれば追体験できるようになるのか、未来に開かれたものとしてどのように描写できるかというものであり、日常の具体的な事象からどのように課題を設定すれば、ボーリング機、粉ひき機、自転車等を発明した進化の過程が経験できるのかについても構想する[266)]。

第3・4学年の単元「過去・現在・未来」で習得する教科内容コンピテンシーの構成要素は、第一に、適切な史資料を基に、たとえば、前史時代の生活や中世の生活や近代の生活など、身近な周辺から最低1つの事例を取りだし、過去について調べたり、時間軸に並べたり、描写したりできるようになることである。この教科内容コンピテンシーに関連する学習プロセスコンピテンシーは、「外界を調べ理解する」（Ⓟ：図表5-2の②）と「振り返り、位置づける」（Ⓟ：図表5-2の⑤）である。指導的展望については、メディア教育（メディア・ビルドゥング）のうち「情報と知識」（Ⓛ）との関連づけが構想されている。

教科内容コンピテンシーの構成要素の第二は、建築物の大きさや構造および建築と変化、戦争、自然災害などによる変化などを例としながら、過去と現在における自身の郷土の発展にかかわって選ばれた視点や印象的な出来事について詳しく説明し考察できるようになることである。この教科内容コンピテンシーに関連する学習プロセスコンピテンシーは、「外界を体験し認知する」（Ⓟ：図表5-2の①）、「コミュニケーションをとり了解し合う」（Ⓟ：図表5-2の③）、「振り返り、位置づける」（Ⓟ：図表5-2の⑤）である。統合教科「事実教授」内の統合的措置は、単元「自分たちの生活空間の動植物」（Ⓘ）や同「空間への方向づけ」（Ⓘ）と結びつけて取り扱うことである。指導的展望については、持続可能な発展のための教育（ESD）のうちの「持続可能な発展の複雑性と力動性」（Ⓛ）との関連づけが構想されている。

この構成要素の第二では、非認知能力としての社会コンピテンシーや自己コンピテンシーの育成を志向する2つの学習プロセスコンピテンシー（③「コミュニケーションをとり了解し合う」と⑤「振り返り、位置づける」）との連関性が求められている（以下、図表5-2を参照のこと）。③では、第一に、他者とコミュニケーションをとりながら、他者の考えや経験、認識、関心や情意を理解するなどの他者理解の力、第二に、自己の考えや経験、認識、関心や情意を表現するなどの自己表現能力、自己の答えを受け入れたり多様な他者の答えを尊重したりするなどの自尊感情・他者尊重の念、第三に、自分の願いや欲求、自己主張、自身の長所・短所、好みや嫌悪感などを自己理解しながら、自身の考えたこと、気持ち、印象、経験、興味を適切に他者に伝えたり、他者の考えたこと、気持ち、印象、経験、興味に気づいたりするなどの自己理解・他者理解が求められている。⑤では、第一に、自己の考えや他者の考えを検証したり振り返ったりすること（自他の考えを重ね合わせた省察）、第二に、自身の立場を問題や状況に関連づけたり理由づけたり、主張したりすることや他者の立場を尊重する能力を身につけるなどの自己表現・他者尊重の力が求められている。第三に、共生のルールやルーチンを定める時の責任の受容、寛容な態度での多様性の受容、自分の生き方としての振り返りなどである。

以上のように、教科学習のプロセスにおいて、能力の社会的側面や自己の側面など非認能力を結集させ、教科の知識・技能にそれらを織り込んで輻輳的・相乗的に育成することが意図されている[267)]。なお、学習プロセスコンピテンシー③「コミュニケーションをとり了解し合う」は、第1・2学年の単元「過去・現在・未来」の教科内容コンピテンシーの第一の構成要素でも取り上げられている。

教科内容コンピテンシーの構成要素の第三は、メディア媒体や車輪の付いた乗物、道具、技術機器などを例に、いくつかの発明やその後の発展、生活界への影響について詳しく説明し、未来を視野に入れた省察ができるようになることである。

この教科内容コンピテンシーに関連する学習プロセスコンピテンシーは、「外界を体験し認知する」（Ⓟ：図表5-2の①）と「振り返り、位置づける」（Ⓟ：表1の⑤）である。統合教科「事実教授」内の統合的措置は、単元「仕事と消費」（Ⓘ）や同「建造物と設計図」（Ⓘ）と結びつけて、一体的に取り扱うことである。教科横断的テーマを扱う指導的展望については、持続可能な発展のための教育（ESD）のうちの「持続可能性をさらに加速させたり、ブレーキをかけることになったりする行動基準」（Ⓛ）との関連づけが構想されている。他教科の関連する教科内容コンピテンシーは、教科「芸術・造形」の「自分たちの環境に気づく子どもたち」（Ⓕ）である。

次に、「時代の証言、時代の証言者、史資料」の単元における思考のゆさぶりは、史資料の取り扱いにかかわる。史資料が将来を見通す展望の視点を残してくれているという認識を子どもたちが獲得するために、子どもたちをどのように支援できるかというものである。その際、説話、伝説、放送劇、記録資料、建築物、時代証言者などにより、どのようにすれば子どもたちが再構成された歴史の描写と実体験に基づく歴史の描写との間の相違をありありと理解できるようになるのか、というところがポイントになる。

単元「時代の証言、時代の証言者、史資料」で習得する教科内容コンピテンシーの構成要素は、第一に、実物、写真や新聞、言い伝え、文書など、多様な真正の史資料の名をあげ、歴史的に意味のある情報を取りだせるようになることである。第二に、史資料から得た情報を集めたり比較したりして、歴史的所与物を説明したり描写したりするのに活用できるようになることである。初歩的ではあるが、史資料と向き合うのに基本となる所作が教科内容コンピテンシーとして示されている。

この教科内容コンピテンシーに関連する学習プロセスコンピテンシーは、図表5-2の⑤「振り返り、位置づける」（Ⓟ）である。他教科の関連する教科内容コンピテンシーは、教科「ドイツ語」の「テキストを解読する方略を活用する」（Ⓕ）、教科「芸術・造形」の「子どもたちは自分の周辺環境に気づく」（Ⓕ）、教科「数学」の「データを把握し、描写する」（Ⓕ）である。現代的教育課題を扱う指導的展望については、「メディア教育（メディア・ビルドゥング）」の「メディア分析」（Ⓛ）との関連づけが構想されている。

以上、教科内容コンピテンシー「時間・変遷」の第１・２学年および第３・４学年の授業展開から、第一に、学習プロセスコンピテンシーとの連関による内容と方法の統合的取り扱いの可視化、第二に、教科内の教科内容コンピテンシー間の連関による統合的取り扱いの可視化、第三に、他教科の教科内容コンピテンシーとの連関による教科横断的取り扱いの可視化、第四に、従来の「現代的教育課題」に相当する教科横断的テーマを扱う指導的展望との連関による汎用的取り扱いの可視化、第五に、第１・２学年では就学前教育との幼小連関による縦断的取り扱いの可視化、および、第３・４学年では第５学年以降中等教育段階の歴史授業において必要となる史資料と向き合う基本となる所作の獲得等による縦断的取り扱いの可視化、という５つの側面からの連関性の可視化において、カリキュラム上の重厚な連関措置が取られていることがわかる。

第４節　認知能力と非認知能力を育成するカリキュラム

BW 州2016年版基礎学校ビルドゥング計画を対象に、統合教科「事実教授」のカリキュラムにおいて、コンピテンシーがどのように構成されているかを明らかにした。従来、ドイツのコンピテンシー志向型カリキュラム（学習指導要領）において、事象コンピテンシー（教科内容コンピテンシー）、方法コンピテンシー、社会コンピテンシー、自己コンピテンシーの4つの構成要素を配置する、レーマン/ニーケ型コンピテンシーモデル[268]が複数の州で採用されてきた。BW州2016年版基礎学校ビルドゥング計画では、これを教科内容コンピテンシーと学習プロセスコンピテンシー（方法コンピテンシー）の2要素に集約した上で、ビルドゥング計画において教科内容コンピテンシーを示す章に限っては「スタンダード（Standard）」と称していること、従来の社会コンピテンシーや自己コンピテンシーといった非認知能力に相当する2要素は学習プロセスコンピテンシーに内化させて育成する措置をとっていること、そしてネットワーク化された知を形成するための多様な連関措置をとっていることを明らかにした。

その連関性については、第一に、教科内容コンピテンシーと学習プロセスコンピテンシーの連関性である。この連関性については、布地の縦糸と横糸のメタファーが示している通り、格子状モデルを基盤にコンピテンシーが構成されていた。これは内容と方法の統合的取り扱いによる可視化措置であり、実質陶冶と形式陶冶を編み合わせた編成構造を有するカリキュラムと評価することができる。第二に、同一教科内における教科内容コンピテンシー相互の連関性の可視化措置である。統合教科の場合、理科と社会科の分離・分断への懸念はもとより、事実教授学会が示した5つの展望にしたがい、それらが個々別々のものとして理論研究がなされてしまうと、教科内に5つの教科内領域を形成してしまうことが懸念される。その意味でも教科内容コンピテンシー相互の連関性の確保は統合教科「事実教授」にとっての命綱といえよう。第三に、他教科の教科内容コンピテンシーとの連関の明示化による教科横断的取り扱いの可視化措置である。第四に、現代的教育課題（ESD、寛容性の教育と多様性の受容、防止策と健康促進、職業指導、メディア・ビルドゥング、消費教育の6課題）を扱う指導的展望との連関による汎用的取り扱いの可視化があげられる。第五に、幼児教育のオリエンテーションプラン（幼稚園教育要領）との連関性の可視化である。これについては、２学年ごとの段階的まとまりを有するコンピテンシー志向型カリキュラムにおいて、教育内容コンピテンシーのスタンダードに位置づけられた単元のうち、幼児教育との連関性の確保に重点を置く単元と第３・４学年との連関性に重点を置く単元、そして中等教育段階の第５学年以降の歴史授業との連関性を確保するための単元が配置されていた。

2000年代半ばからすべての州において早期知的教育（frühe Bildung）が推進されてきたが、この就学前教育においては発達段階を考慮する一方、早期知的教育において充実が図られてきた学習の認知的側面と非認知的側面の両面の連続性・継続性にスポットを当て、カリキュラム上の幼小接続[269)]を解明することが連関性の理解を更に深めることになる。これにより、幼小接続、および、初等・中等教育段階の接続という、コンピテンシーによって縦横に繋ぐ累積的段階編成型カリキュラムの姿が一層解明されることになる。

第6章　チューリンゲン州のビルドゥング計画

第1節　ビルドゥング計画における認知コンピテンシーと非認知コンピテンシー

チューリンゲン州文部科学省（Thüringer Ministerium für Bildung, Jugend und Sport）は、2008年に『第10学年までの子どもたちのためのビルドゥング計画』[270]（第一次ビルドゥング計画）を公表した後、2015年に対象年齢を10歳までから18歳までに引き延ばした『第二次ビルドゥング計画』[271]を公表し、就学前教育から初等教育、前期中等教育・後期中等教育に至るまでの一貫教育プランを策定した。現在、その小改訂版である『第三次ビルドゥング計画』[272]（2019年）が最新版である。

コンピテンシー志向の授業というと、知識・技能重視の認知コンピテンシーの方に関心が引き寄せられるかもしれないが、ドイツの州レベルの教育改革の実態はそのイメージとは異なるものである。本章で取り上げるチューリンゲン州のビルドゥング計画においても、最新の学習科学や授業研究の成果を摂取しながら、認知コンピテンシーと並び非認知コンピテンシーが重視される傾向は、チューリンゲン州以外の州の学習指導要領の水準でも確認することができる[273]。

本章では、第一に、OECD（経済協力開発機構）の二つのプロジェクト・ペーパーを取り上げ、そのプロジェクト・ペーパーにおいて今後の教育改革において鍵となる非認知能力（コンピテンシー）がどのように示されているのかを把握する。OECDは、2000年から3年ごとに実施されてきたPISA調査をはじめとして、『キー・コンピテンシー』［DeSeCo：コンピテンシーの定義と選択のプロジェクト］（邦訳版）、『成人スキルの国際比較』（同）、

『OECD 教員白書』（同）、『移民の子どもの学力』（同）等々、広く世界の教育改革の行方に少なからず影響を及ぼしているからである。第二に、チューリンゲン州の第三次ビルドゥング計画を対象に、ビルドゥング学（Bildungswissenschaft）を基盤にするコンピテンシーモデルを把握し、認知能力と非認知能力の輻輳的な育成を図る能力枠を明らかにする。そして第三に、その概念をもって簡単に批判されることもあるビルドゥング概念とコンピテンシーとの関係性を第三次ビルドゥング計画に基づいて解明し、非認知コンピテンシーの内実に迫ることとする。

第2節　OECDによる2つのプロジェクト・ペーパー

1　OECD ワーキングペーパーにおける社会情動的スキル

OECD のワーキングペーパー『家庭、学校、地域社会における社会情動的スキルの育成』では、社会情動的スキル（Social and Emotional Skills）を、目標を達成する力（忍耐力、意欲、自己制御、自己効力感など）、他者と協働する力（社会的スキル、協調性、信頼、共感など）、情動を制御する力（自尊心、自信、内在化、外在化問題行動のリスクの低さなど）という3つの側面から定義している[274)]。この社会情動的スキルは非認知コンピテンシーに含まれると考えられる。就学後の教育的習熟の効率性を高めるのは、就学する前の家庭の社会経済文化的背景に起因する教育資源の強い影響を受けると述べ、自制心や粘り強さ（グリッド）や学習意欲など非認知コンピテンシーの重要性を示唆したジェームズ・ヘックマンの言説は広く知られるところである。しかし、OECD『社会情動的スキル』（邦訳版）では、クーニャ&ヘックマンの論文[275)]に基づく見解が示されているが、スキルは社会経済的不平等の発生の理解に重要であるとし、「世界の OECD 諸国とパートナー諸国にみられる民族間や所得層間の教育格差は、学校に通う時期の家庭の経済状況よりも、スキルの欠如のほうにその原因がある」[276)]と判断しているところに注目すべきである。

同ワーキングペーパーでは、認知的スキルと社会情動的スキルは「相互に作用しお互いに影響を与え合うことから、切り離すことはできない」とし、たとえば、「創造性や批判的思考といったスキルは、認知的及び社会情動的側面の両方を融合することによってより理解しやすくなる」[277]という（図表6-1[278]参照）。このうちの批判的思考は確かに強固な認知的側面を有することは間違いないが、それでも「想像性や独創性など、新しい経験への開放性の側面も含んでいる」とし、「多くの現実の場面においては、知的、社会的、情動的な要素を含むより複雑なスキルの出現が求められる」[279]という。しかし、同ワーキングペーパーで取り上げられている社会情動的スキル育成のアプローチは、例えば、高学年の生徒と低学年の生徒のペアが、学業や娯楽の活動を通して結束を深めたり、生徒が大人の指導者の監督のもとメディテーター（仲介者）となる経験を通して対立を解消したりする方法を学ぶピア・サポート・アプローチ、そして「高学年の生徒が低学年の生徒の世話をする異学年交流を通して生徒の自己効力感を高めることを目的としている」日本型ピア・サポート・プログラム、いじめ問題の解決や生徒の向社会性の

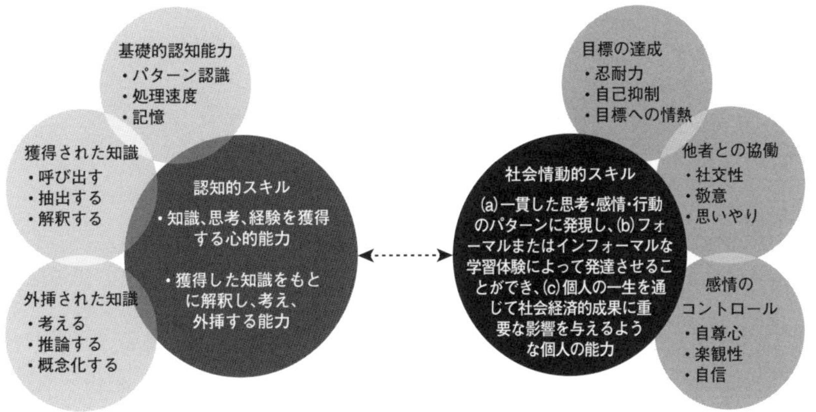

図表6-1　認知的スキルと社会情動的スキルの相互作用性

育成に効果をあげるとされるピア・メディエーション、意義のある地域奉仕にフォーマルな教育カリキュラム及び自らの奉仕体験に対して参加者が省察を行う時間を組み合わせるサービス・ラーニングなど、主に教科外活動を対象としている[280]。

これに対し、チューリンゲン州ビルドゥング計画は、学校カリキュラムにおいて、認知コンピテンシーと非認知コンピテンシーを定め、両者を教科の授業の中で輻輳的・相乗的に育成することを構想するものである。

2　OECD の Education2030のラーニングコンパス

OECD の Education2030は、いわゆる VUCA（変動性・不確実性・複雑性・曖昧性）が急速に進展する世界に直面するにあたり、「教育の在り方次第で、直面している課題を解決することができるのか」、あるいはできないのかという問いを立て、「カリキュラムも、おそらくは全く新しい方向に進化し続けなければならないだろう」として、教育の未来展望をもつプロジェクトの中で共同策定されたものである[281]。このプロジェクトでは、「複雑で不確かな世界を歩んでいく力」が新たに提起されており、今後の学力改革の行方を考察する上で等閑視できない。

図表6-2は、その指針を示す「ラーニングコンパス」である。このラーニングコンパスの中央部には、コンピテンシー（competencies）が配置され、その周辺に十文字の針のかたちで、知識・態度・スキル・価値が示されている。円の第二層には「発達の基盤」が配置されている。そして第三層には、「変革を起こすコンピテンシー（Transformative Competencies）」として、「責任ある行動をとる力」、「対立やジレンマを克服する力」、「新たな価値を創造する力」という3つからなるキー・コンピテンシーカテゴリーが特定され、それを配置している。これら第三層の各要素は、輻輳的・相乗的に機能するものであり、截然と区別することはできない。円の周辺には矢印で、行動→省察→予測という循環サイクルが描かれている。たどり着く経路はそれぞれ

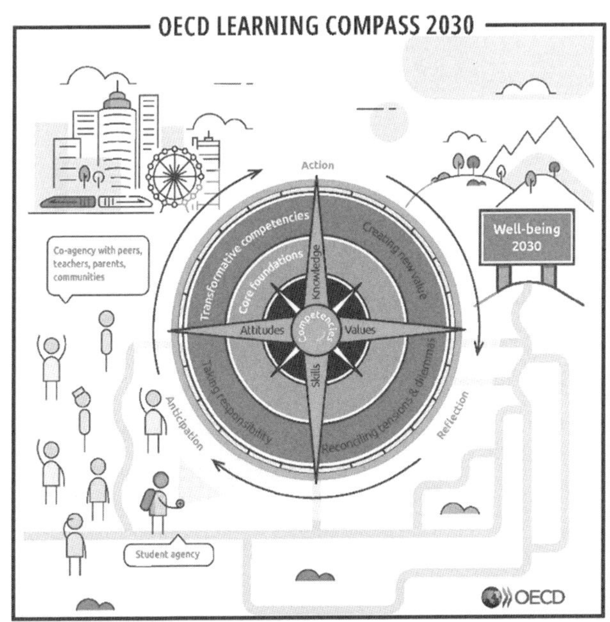

図表 6-2　Eduction2030のラーニングコンパス[282)]

の人により異なるが、山の頂には「ウェルビーイング（Well-being）2030」の看板が立てられている。Education2030は、このウェルビーイングを個人の次元と集団の次元でとらえている。両者に共通するのは「異なる考え方を持った人々と協働すること」や「(社会や未来を展望した時に見いだされる：筆者）重大な課題に対する複数の解決策を把握することなどが、不可欠な能力となる」し、「前向きで、責任ある行動をとることができる、積極的に社会参加することができる市民となっていくためのスキルを身につけなければならない」[283)]とするところである。

このラーニングコンパスにおいて中核概念として設定されているのが「エージェンシー（agency）」である[284)]。Agencyとはこれまでの辞書的な意味としては、たとえば、代理権や代理店、特約店、特定の任務を担当する政府や国連の機関や部局、作用や仲介的手段や媒介者を意味してきた（リーダーズ英和辞典第12刷）。このことから誤解を招きやすい語であるが、心理学分野では行為主体や行為主体性と訳されることが多く、Educatio2030では、エージェンシーは「変化を引き起こすために、自分で目標を設定し、振り返り、責任をもって行動する能力」[285]として定義されている。

このエージェンシーが中核概念に設定されている理由は、「自分たちが実現したい未来を、そもそも自分で考えて、目標を設定し、そのために必要な変化を実現するために行動に移していくこと」[286]が重要であるからだという。このことは、OECDの「ラーニングコンパスのコンセプトノート」（2019年）でも、「誰かの行動の結果を受け止めることよりも、自分で行動することである。形作られるのを待つよりも、自分で形作ることである。誰かが決めたり選んだことを受け入れることよりも、自分で決定したり、選択することである」[287]と説明されている。こうした、自分たちが実現したい未来を実現するには、「社会参画を通じて人々や物事、環境がよい良いものとなるように影響を与えるという責任感を持っていること」を前提にして、「進んでいくべき方向性を設定する力や、目標を達成するために求められる行動を特定する力を必要とする」[288]からである。Education2030プロジェクトにおいてエージェンシーに関する最初の提案を行ったのは、チャールズ・リードビーターだとされている。彼は、教師による一方向的な授業が真の学びに繋がっていないとして、「ダイナミック・ラーニング」を提唱し、その基本要素を①知識、②自己に関するスキル、③社会的スキル、④エージェンシーとした[289]。

こうしたエージェンシーは、もちろん周囲との関係性の中で育まれていくものであるが、そのためには「教師や仲間たち、家族、コミュニティなど、彼らの学習に影響を与えているより幅広い関係性を認識する必要が」あり、「学習者が目指す目標に向かって進んでいくことを支える、双方向的で互恵的な協力関係」の構築を必要とする[290]。一人ひとりがエージェンシー（主体的形成者）であるとの自覚を有するだけでなく、人々の未来を展望し、そのために行動する人たちの集合体をEducatio2030では「共同エージェンシー（Co-agency）」と呼んでいる。この共同エージェンシー（連帯性の力）を発揮するには、「目指すべき方向性を共有しながら、一人一人が社会的な責任を果たしてくこと」や、「異なる世界観や考え方をもっている多様な人々を結びつけたり、そうした人々と力を合わせること」、そして「他者の発想を活用したり、視点を共有したり、議論していくこと」[291]などが求められる。やはりここでも、「望ましい行動や成果を生み出すうえで、認知的スキルと社会情動的スキルは必ずしも互いから分離して作用するもの」ではなく、「これらのスキルは相互に作用し、高め合い、強化し合って、個人や社会の進歩に貢献するのである」[292]として、認知スキル（認知コンピテンシー）と社会情動的スキル（非認知コンピテンシー）の輻輳性・相乗性をもって説く連関モデルを前提としていることを際立たせている。

第3節　ビルドゥング学を基盤にした教授・学習論と三次元構成論の展開

1　認知能力と非認知能力の新たな姿

OECDの『家庭、学校、地域社会における社会情動的スキルの育成』では、認知的スキルと社会情動的スキルは「相互に作用しお互いに影響を与え合うことから、切り離すことはできない」とし、両者を密接不可分な関係にあるものとして定義した。この密接不可分性（輻輳性・相乗性）について、松下佳代は、「内的属性としてさまざまな認知的・非認知的要素を含んでいるものの、それらをリスト化することに焦点があてられているわけではない」のであり、問題解決など「ある特定の文脈における要求に対してそれらの要素を結集して応答する能力こそがコンピテンス」[293]であると説明している。その真意は、「差異や矛盾をはらむ『現代社会の複雑な要求に直面する反省的実践』を行わせることなどが提案されている」ことから、課題自体も単純な調べ学習で答えが直ちに分かるものではなく、「生徒の思考、感情、社会関係を統合的に結集して挑戦する価値のある課題でなければならない」[294]というところにあるとして、統合的な「結集」状態として生きて働く能力ととらえている。

こうしたことからOECDのEducation2030では、「変革を起こすコンピテンシー」として、「責任ある行動をとる力」、「対立やジレンマを克服する力」、「新たな価値を創造する力」という3つをキー・コンピテンシーカテゴリーとして配置し、これら第三層に配置された各能力要素は、輻輳的・相乗的に機能するものとして位置づけられている。チューリンゲン州のビルドゥング計画（2019年版）では、これらは認知能力、非認知能力に相当することから、コンピテンシーとして示されている能力の要素はどのように構造化されているのだろうか。そしてそれらはドイツ教育学の伝統的な用法であるビルドゥング（Bildung）概念に照らして、どのように機能するものとして構想されているのかを以下において明らかにする。

2　ビルドゥング学とは何か

チューリンゲン州の第三次ビルドゥング計画（2019年版）の冒頭には、ビルドゥングを上位概念にして、下部に6つの構成要素（学習、社会化、協同構成、訓育［Erziehung］、ビルドゥングのフィールド、多様性）を配置した「ビルドゥング学の基盤（Bildungswissenschaftliche Grundlagen）」構造図（図表6-3）が示されている。このビルドゥング学の基盤モデルにおけるビルドゥング概念

図表6-3　ビルドゥング学の基盤構造図[295]

ビルドゥング（Bildung）	
学　習	社会化
協同構成	訓　育（Erziehung）
ビルドゥングのフィールド	多様性

は、以下のように説明されている。

「ビルドゥングは、『世界と私たち自身との結びつき』（フンボルト）である。これが意味するところは、その中で、青少年は世界と自己の位置を理解したり、その理解したことを省察したり、責任を自覚して行為能力を身につけたりすることである。青少年は、教育（ビルドゥング）を受ける権利も、その一部とみなされる子どもの権利も尊重されるよう要求する請求権を有している。」[296)]

世界との交渉と自己の確立（Mündigkeit）という伝統的なビルドゥング概念に内包された意味が確認される一方、ビルドゥングは「教育を受ける権利」の「教育」に相当する語としても用いられている。

「ビルドゥング学の基盤モデル」に適用されるビルドゥング学の用法は、教育学（Pädagogik）や教育科学（Erziehungswissenschaft）と比べ、ドイツ教育学においては、比較的新しい用語に属する。H.-H.クリューガーの『学問分野としての教育科学とビルドゥング学』[297)]を参照し、三者の相違を把握しておくことにする（クリューガーの論説を参照した部分は、三者を区別するために原語で示す）。

クリューガーによれば、Pädagogikの概念は、ギリシャ語のpais（子ども、男の子）とagein（導く）から導き出されており、「教育者の行為、ポリス市民の息子たちに付き添って訓練場につれていく男の子の指導者の行為を意味していた」[298)]という。このPädagogikの概念は、訓練者と教え子との間の教育的関係性をとりもつものである一方、「ErziehungとBildungの観察者の知識を記述し、学問分野へとPädagogikの発展を把握する概念がErziehungswissenschaftである」[299)]とする。ドイツ語圏において、18世紀の啓蒙時代に最初に出現したErziehungswissenschaftの概念は、「観察と実験に支えられた経験科学などの専門分野として構想された」[300)]後、20世紀前半に「学校システムの領域を越境した、理論知と実証知において独自の体系を生み出していった」[301)]学問領域である。PädagogikやErziehungswissenschaftと比べると歴史が浅いBildungswissenschaftの概念は、当初、大学の研究所名であったり、教育学や教職の主課程を魅力化するために学部の課程に冠せられたり、現行の教員養成課程カリキュラムの各種課程を表す場合に用いられたりしているが、その場合にも「Erziehungswissenschaftは教育行為の受益者として子どもと青年だけを視野に入れた」のに対し、Bildungswissenschaftは「幼児からお年寄りまでの全生涯を通じて、目下の診断可能な脱境界的プロセスを考慮に入れた概念」[302]であるという。以上がクリューガーの説明である。

0歳から10歳までの子どもを対象にしていた第一次ビルドゥング計画（2011年版）ではErziehungswissenschaftliche Grundlagenとしていたが、0歳から18歳までに対象年齢を8年間繰り上げ、大学入学前の後期中等教育修了時までを対象にした第二次ビルドゥング計画（2015年版）では、これをBildungswissenschaftliche Grundlagenとした。通常、教育制度には、初等教育・前期中等教育・後期中等教育・高等教育、義務教育か否か、就学前教育と学校教育など、様々な境界が設定されているが、クリューガーが説明したように、全生涯を通じての脱境界的な教育・人間形成プロセスに対して用いられるのがBildungswissenschaftであり、その趣旨が第二次・第三次ビルドゥング計画に反映されていると考えられる。

ビルドゥング学の基盤構造図には6つの構成要素が示されている。これらの構成要素から上位概念であるビルドゥングが描く教授・学習像の概略を把握することができるだろう。その第一の構成要素の学習については、「ビルドゥングの基盤は能力を学ぶことにあり、学習は一人ひとりのアクティブな構成プロセスである」[303]とする。ここでの「能力」とはFähigkeitを指すが、これを子どものHandlungsfähigkeit（行為能力）に限定すると、学習は「コンピテンシー（Kompetenz）概念で説明できる」[304]という。第二の社会化は、「自らを取り巻く社会の中で、その社会の価値や規範、考え方や行動の型を習得することである」。この社会化の説明では、各個人が他者との相互作用を通して、行動の仕方やものの見方・考え方、感情の表出や制御の仕方を身につけるというが、ビルドゥング計画でもこうした社会的相互作用が生じる学習過程を社会化として説明している。第三の協同構成（Ko-Konstruktion）は、「共に他者とやりとりをすることのなかで学ぶこと」とし、後述するビルドゥングの三次元のうちの社会的側面の基盤を説明するものである。第四の訓育（Erziehung）については、この訓育により「ビルドゥング・プロセスは、目標が定められた教育行為を通じて学習者に関心を起こさせる」としている。自発的動機づけや自律的動機づけにかかわる教育行為であり、教育活動としてはビルドゥングの三次元の主に自己の側面にかかわるものである。第五は、ビルドゥングのフィールドであり、多様な場所と学習機会の活用が望まれている。第六の多様性とは、ダイバーシティの考えやインクルーシブ教育を実現するものである。

このようにビルドゥング概念は、その概念が有する本質を変形させない範囲で、現在の様々な教育要請に応えるかたちで再定義されている。

3　ビルドゥングの前提となる学習活動

ビルドゥング計画では、「学習を通して可能になるのがビルドゥングである」[305]と述べられている。この場合の学習とは、「環境に適応すること、それと同時に、態度や考え方や能力や知識を変化させたり拡張させたりすること」[306]である。ここでいう学習は、アクティブな過程として捉えられており、「脳内に新たな（知識の）構造が形成されたり、これまでの経験と新しい情報とを結びつけたり、多種多様な横断的接続を発達させたりすること」[307]であり、網目状と形容されることの多いネットワーク型の知識関連・知識構築の考え方に立脚している。

こうした学習を通して可能になるビルドゥングとは、「誕生をもって始まり、全生涯において有意味なプロセス」として、人間固有の実存的な営為の意義が強調される[308]。その真意は、「自己を取り巻く環境において、どの青少年であっても、それぞれが自分のやり方で、自分のペースで、自分の関心にしたがって獲得されるのがビルドゥング」であり、「大人は、ビルドゥングの過程が肯定的に進行し、成功するのを支援し」たり、「できる限りの多種多様な刺激を与えたりする」役割を担うと考えられている[309]。これは教授・学習過程において、個別最適化や多種多様性（ダイバーシティ）、融合的包摂性（インクルージョン）を前提とする社会の実現の理念とも符合するものである。

これら学習を通して実現するのがビルドゥング・プロセスであるが、そのもう一方で、ビルドゥングは社会化の過程でもある。本章冒頭において、「世界との相互交渉」を描く理念としてビルドゥングを説明したが、この世界との相互交渉が他者との「社会的関係ややりとりのプロセスを規定する」というのである。この他者と交わり合い紡ぎ合うプロセスは、「青少年が他者を通して、自己の人となりや社会的つながりと結びつきを体験」することで、「自己の世界構成は他者との間で調整させられたり、共同で展開させられたりする」ことになる[310]。これがビルドゥング学の基本構造図のうちの「協同構成」の意味するところであり、「ビルドゥング・プロセスにおける社会的現実の『協同構成』」[311]として説明されている。

4　ビルドゥングとコンピテンシーとの関係性

では、こうしたビルドゥング概念は、コンピテンシーとどのような関係性にあるのだろうか。第三次ビルドゥング計画において着目すべきは、「ビルドゥング概念：コンピテンシーとリテラシー（Bildungsbegriffe: Kompetenz und Literacy）」と題して説明しているところである。その説明から、ビルドゥング概念とコンピテンシーの位置関係を突きとめることができる。同ビルドゥング計画では、「青少年の行為能力（Handlungsfähigkeit）は、コンピテンシーの概念を用いても記述されうる」[312]とした上で、ビルドゥングとコンピテンシーの関係性を以下のように説明する。

行為能力[313]をコンピテンシーで表現する場合、「コンピテンシーは、必要不可欠な知識だけでなく、適切な能力や技能（できること［Können］）ならびそれを受け入れる構えに力点をおく」ことで、「コンピテンシーは習得可能なものになる」[314]という。子どもたちがこのようなコンピテンシーを伸ばすには、「日常に近いシチュエーションでの主体的な観察、実験や探究、試行や学習といった多種多様な学習経験をすることが決定的に大切である」[315]とする。こうして「コンピテンシーは、ビルドゥング・プロセスの前提であり結果でもある」として、両概念の関係性を明らかにしている。この両概念の関係性を前提にすると、「ビルドゥングの文脈において、事象コンピテンシー（Sachkompetenz）、方法コンピテンシー（Methodenkompetenz）、自己コンピテンシー（Selbstkompetenz）、社会コンピテンシー（Sozialkompetenz）の4つのコンピテンシーを提示することができる」[316]（図表6-4）とし、これら4つのコンピテンシーは、「とりわけ学校において、ビルドゥングが提供するものの計画や構造化に有用である」として、コンピテンシー概念の機能的有用性が強調されているが、「ビルドゥングは、特定のコンピテンシー構成要素の包括的な総体である」[317]というところが特に重要である。これは、一つ

図表6-4　チューリンゲン州のコンピテンシー構造図[318]

事象コンピテンシー	方法コンピテンシー
子どもたちは、知識を獲得し、獲得した知識を次なる知識を生み出すことに結びつけたり、多様な行為の関連の中で活用したり、理路整然と判断したりする姿勢のことである。	子どもたちは、学習方略や活動技法を発達させ、それらを事実に即し状況に応じて活用することができる。
自己コンピテンシー	**社会コンピテンシー**
子どもたちは、他者との共同的な社会的交流の中で学習することである。	子どもたちは、他者と一緒に遊んだり、学んだり、作業したりする多様な可能性を切り開くことであり、連帯して行動したり、グループの状況を省察したりする姿勢のことである。

ひとつの能力要素の分離した所有を意味するものではないということであり、能力要素の結集体として、（松下が統合的な「結集」状態と表現したことと符合するところであり、）輻輳的・相乗的に共鳴させて問題解決する姿（＝人間力の総体としての全人的陶冶可能性）をビルドゥングにより描こうとしているのである。

チューリンゲン州において、コンピテンシー構成要素は学校法や学校規則など法規の次元ではどのように定められているのだろうか。

まず、チューリンゲン州学校法（Thüringer Schulgesetz、2019年6月12日改正、2021年8月1日発効）の第48条は「学力と成績証明書（Leistungen und Zeugnisse）」に関する条文である。同条第4項では、「成績証明書においては、生徒の共同活動や態度に関する所見の記録として、学校進学の助言のために、その成績証明書に生徒の自己コンピテンシー（persönliche Kompetenz）、教科コンピテンシー（fachliche Kompetenz）、社会コンピテンシー（soziale Kompetenz）の評価を補足的に設けることができる」と定めている。学校法で用いられている「教科コンピテンシー」は、他州のケースを参照すると「事象コンピテンシー（sachliche Kompetenz もしくは Sachkompetenz）」と言い換えることが可能である。

次に、チューリンゲン州学校規則（Thüringer Schulordnung、2018年10月）では、学習の発達に関して成績証明書等に記載する所見について定めているのが第60条である。同条 a において、第3学年から第9学年までの生徒を対象に記述される所見には、「自己コンピテンシー、社会コンピテンシー、事象コンピテンシー」の評価の視点が示されている。このように法規の次元でも、成績や評価に係わる条文において、コンピテンシーの構成要素が取り上げられているが、各コンピテンシー構成要素の中身までは定められていない。能力（コンピテンシー）の細目を定めるのは、ビルドゥング計画やレアプランの役割だからである。

では、チューリンゲン州のレアプランでは、コンピテンシーはどのように規定されているのだろうか。ここでは基礎学校の例として、レアプランの総則にあたる「基礎学校のためのチューリンゲン州レアプランの基本方針」[319]（「基本方針」と略す）を取り上げる。

基本方針では、チューリンゲン州における授業方針を、端的に「コンピテンシー志向でありかつスタンダード志向の授業（der kompetenz- und standard-orientierte Unterricht）」[320]と定めている。ここでは、「中心となる授業目的は、学習コンピテンシー（Lernkompetenz）の発達にある」とし、この学習コンピテンシーの構成要素として、事象コンピテンシー、方法コンピテンシー、自己コンピテンシー、社会コンピテンシーの4つを挙げる[321]。このうちの事象コンピテンシーとは、教科特有の行為を連関させることで習得した知識や認識を活用できるようにする能力のことである。方法コンピテンシーとは、効果的に学習するために学習方法や学習技法、学習方略を駆使することができる能力のことを指す。自己コンピテンシーとは、自己調整・自己観察をしたり、自身で活動の目標や計画を立てたり、自己の学習の進歩を自己評価したり省察したりして、自己を認識したり評価したり、自己調整したりする能力のことである。社会コンピテンシーとは、質の高い協同とコミュニケーション能力のことであり、責任をもち共同活動に参加することなどがこれに含まれる。

このように基本方針においてコンピテンシーを明確に定め、ここで定めたコンピテンシーが各教科のレアプランで展開されるようにしている。このコンピテンシーは、学年や学校段階を超えて体系的・累積的に育成が図られるものであり、チューリンゲン州の学校教育において授業の要（かなめ）として位置づけられている。

第4節　ビルドゥングを基盤にする三次元構成論の展開：認知コンピテンシーと非認知コンピテンシー

チューリンゲン州ではコンピテンシー志向の授業の構築をめざしている。

そのコンピテンシー構成要素はビルドゥング計画ではどのように展開されているのだろうか、そのコンピテンシー構成論の視点から検討する。

まず、ビルドゥングを構成する要素の枠組みは、自己の次元（Personale Dimension）、社会の次元（Soziale Dimension）、事象の次元（Sachliche Dimension）というように、次元（Dimension）という言葉で区別される３つの枠組みで示されている[322]。第一次ビルドゥング計画から第三次ビルドゥング計画まで、これら３つの次元によるコンピテンシーの構成は変わらず、ビルドゥングに求められるコンピテンシーの要件もほぼ同じままである（図表6-5

図表 6-5　（第一次：2008年版）ビルドゥングの三次元としての自己・社会・事象[323]

ビルドゥングの次元			
	自　己	社　会	事　象
ビルドゥング	子どもの人格の発達を展望すると、ビルドゥングはどのように説明されうるのか。	子どもの人間形成がどのような社会的関係や交流過程で行われるのか。	子どもの人間形成過程には、どのような空間的・物質的な基本条件が必要なのか。
どのような教育提供が子どもに与えられるのか。	子どもの発達の展望から、どのような内容とテーマを提供するのか。	子どもの人間形成は、どのような相互作用とコミュニケーション形態に支えられるのか。	人間形成過程には、どのような空間的・物質的な基本条件が必要なのか。
こうした提供はどのように教育的にセッティングすれば実現するのか。	子どもの発達を展望すると、日常的・教育的に構造化されたどのようなシチュエーションを提供するのか。	具体的にはどのような社会的学習や社会組織の形式が、子どものビルドゥングを下支えするのか。	具体的にはどのような空間や物や人が、子どものビルドゥング・プロセスに適しているのか。
具体的にどのような提供がなされるべきなのか。	子どもの発達を展望すると、具体的にどのような学習や教育機会を提供するのか。	具体的な学習提供の枠組みにおいて、どのような社会的関係や接触の仕方が、子どもの人間形成を下支えするのか。	具体的にはどのような物（日用品、遊び道具、非形成的材料）が、子どもの人間形成過程に適しているのか。

図表 6-6　（第三次：2019年版）ビルドゥングの三次元としての自己・社会・事象[324)]

ビルドゥングの次元			
	自　己	社　会	事　象
発達課題とビルドゥングの課題	子どもの人格の発達を展望すると、ビルドゥングはどのように説明されうるのか。	子どもの人間形成がどのような社会的関係や交流過程で行われるのか。	子どもの人間形成過程には、どのような空間的・物質的な基本条件が必要なのか。
青少年はビルドゥングに何を求めているのか	子どもの発達の展望から、どのような内容とテーマを提供するのか。	子どもの人間形成は、どのような相互作用とコミュニケーション形態に支えられるのか。	人間形成過程には、どのような空間的・物質的な基本条件が必要なのか。
具体的にはどのような学習アレンジメントが可能なのか	具体的にどのような学習や教育機会を提供するのか。		

と6-6)。各次元が輻輳的・相乗的に作用する三次元構成論に基づく構成がなされており、事象の次元が認知能力に、自己の次元と社会の次元が非認知能力に相当する。

第1の自己の次元とは、「自己の欲求や情意や身体的なもの、願望や関心や潜在的可能性など、人としての自己認識」を意味する。これを人間形成過程としてみると、「自己の人となりを体験したり、アイデンティティを発達させたり、人格を開示したりする」ことである。第2の社会の次元とは、社会的関係や他者との交わりの中で行われる人間形成の側面のことであり、「家族、友だち関係、パートナー、地域、社会は、社会ルールを基盤にしている」ことから、これらを「理解したり、批判的に省察したり、外界に歩み出す自己を解明したりする」ことである。このことは、「地域や社会に関与したり、社会的存在としての人間を浮き彫りにしたりする」のに必要なことである。これには、コミュニケーション能力が重要であり、「自己の見方と他者の見方を自覚すること」、「他者認知を言葉で表現したり、社会的団結を練習したりすること」も含まれるという。第3の事象の次元とは、空間的・物的な条件にかかわる。ここでは、「一人ひとりが自然の力によって形づくられた環境、人の力によって形成された環境・文化」を理解したり、それらと責任を自覚して交わったりすること、そして「外界を解明したり、形づくったり、自身の思考や行為の条件として理解したりすること」が重要であり、「自己の社会・文化・世界観的な文脈を知ることにより、他の異なる生活様式や思考様式と自覚的に交わるための基盤がつくられる」という。

しかし、ビルドゥング概念は、本来、全人的な陶冶をめざすものであり、その理念からすると三次元として示された区分は、それぞれが分離して育成されるように見えてしまうことから、異質に思われるかもしれない。この点についてビルドゥング計画は、以下のように説明する。「こうした次元による分析的な区分は、もちろん実践には存在しない。つまり、3つの次元は、相互に織りなされているものであり、互いに作用しあっている。…自己の視点からの重点の考察は、子どもたちの個性的な展望に目を向けさせてくれる。社会的な展望は、ビルドゥング・プロセスにおいて、子どもたちと教育関係者との間の支援的な相互作用（インターラクリョン）を説明するものである。事象の次元は、空間的物質的な諸条件を積極的に支援するものである」[325)]。これらのことから、多様なニーズに応えるための分析的な視野をもつことが、ビルドゥングを実現する三次元構成論の真意とされていることがわかる。

本章では、ドイツ・チューリンゲン州のビルドゥング計画を対象として、認知能力（事象コンピテンシー）と非認知能力（自己・社会コンピテンシー）の輻輳的・相乗的な育成を図る能力枠を明らかにした。この能力枠は、ビルドゥングの次元として示された、自己の次元、社会の次元、事象の次元からなる三次元構成論として把握できるものであった。こうした3つの次元に分析的に区分することは全人的な人間形成を標榜してきたビルドゥング概念からすると、違和感を覚えるかもしれない。これについては、新しい能力概念についての松下佳代や秋田喜代美の説明が参考になる。松下は、どの能力要素も「いったんばらばらに切り離された後に、組み合わされて全体を構成する」ものとしてこの能力概念の要素主義的性格を明らかにした上で、「ある特定の文脈における要求に対してそれらの要素を結集して応答する能力こそがコンピテンス」であるとした[326)]。秋田は、「社会情動的スキルは認知的スキルとの相補的関係の中で累積的に育つもの」[327)]として、認知能力と非認知能力の相補的関係性の解説を試みている。このことはビルドゥング計画においても、事象・自己・社会の「３つの次元は、相互に織りなされているものであり、互いに作用しあっている」との説明からも裏づけることができた。

こうした輻輳的・相乗的に働く相補的関係性の中で、能力要素を結集し応答する能力として全体を構成するものとしてコンピテンシーを理解するのであれば、全人的陶冶の理念と矛盾するものではないだろう。むしろ、全人的陶冶の現在的解釈といってよいかもしれない。少なくともバーデン・ヴュルテンベルク州のビルドゥング計画[328)]とチューリンゲン州のビルドゥング計画におけるビルドゥング概念は、コンピテンシーとの相剋関係ではなく、内包する関係を形成していた。この関係性は、1970年代以降のドイツ教授学において、それまで所与の理念として、当為のものとして扱われてきた全体性（Ganzheit）概念の余りの牧歌性に批判の目、分析的解釈の目が向けられてきたことからすると決して不思議なことではない。重要なのは、知識理解や人間形成の深部に迫るコンピテンシーとして学びの展開が構想されているかどうかの方であろう。コンピテンシーにより、シームレスに深い学びへと繋ぐ累積的段階編成型のカリキュラムの姿の一層の解明が期待されるところである。

おわりに

2007年にわが国において全国学力テストが始まってから、おおよそ15年が経過した。当初、学校教育に現出する様々な問題に対し、現状を改善するのに利用できるデータがほとんどないなか、このテストデータがそれを打開してくれるかもしれないという期待がもたれたかもしれない。しかし、この間、この全国学力テストの問題点を指摘する声が鳴りやむことはなかった。一例を示すと、川口俊明『全国学力テストはなぜ失敗したのか』（岩波書店）に添えられた本の帯では、全国学力テストの問題点を端的に、「注目されるのは順位ばかり」、「実施の目的がブレブレ」、「テストの設計は中途半端」、「不十分な分析や活用」と言い放っている。これら4点の指摘もそうであるが、「学力格差の分析・改善のための調査へ」という提言は、納得できるものである。

同書では「政策のためのテスト」と「指導のためのテスト」とを区別しているが、これをドイツの文脈でいえば、数年に1度のサイクルで実施される抽出型のナショナルテスト（教育トレンド調査）は「政策のためのテスト」に、そして毎年実施される悉皆型のローカルテスト（VERA 比較調査）は「指導のためのテスト」により近いといえるだろう。ドイツの学力テストの実施目的はこのようにきちんと整理することはできるとしても、ドイツはPISA ショック以来、国際的な学力調査への参加優等生であり、これら「テスト漬け」にアレルギー反応を示すことの多い私たち日本人にとり、ドイツの姿は理想とは認められないかもしれない。

私自身も日本の全国学力テストに対し、最初のうちは、なぜ結果をすぐにフィードバックしないのか、卒業が見えてきた頃にフィードバックを受け取っても活用できないだろう、順位づけばかりで、得点が開示されたとしても、経年データとして示されないのはなぜなのか、家庭の社会経済文化的背景が幼少期からの学力の形成に影響を及ぼしているというのは当たり前の認識になってきているにもかかわらず、全国学力テストのデータが問題の解決に羅針盤の役割を果たせないのはどこに原因があるのだろうか、コンテンツベースから資質能力（コンピテンシー）ベースに基調が転換されたといわれているのに、なぜその資質能力を用いて学力の水準が特定できないのか等々、問題は薄々感じていても、それに答えられるだけの知識を持ち合わせていなかった。こうした漠然とした問題意識を背景に分析の対象にした、ドイツのナショナルとローカルの次元で実施される学力調査は、「学力格差の分析・改善のための調査」という名目にどれだけ近づいているのだろうか。少なくともこの実施目的はぶれておらず、「学力格差の分析・改善のための調査」の有力なモデルの一つになりうるということへの確信が本研究に取り組むことの動機になり、本書を書き終えた今もその確信が揺らぐことはなかったことを最後に申し添えておきたい。

本研究は、ドイツにおける多くの人々の献身的な助力がなくては成り立たなかった。ベルリン・フンボルト大学に附設された教育制度におけるクオリティ開発研究所（IQB）のペトラ・スタナート所長、数々の疑問に資料を添え、懇切丁寧に説明してくれたステファン・シポロヴスキー博士、コブレンツ・ランダウ大学ランダウ・キャンパスの実証的教育センターのイングマール・ホーゼンフェルト教授とスタッフの方々、チューリンゲン州文部科学省、バーデン・ヴュルテンベルク州文部科学省、および、同州学校開発研究所（2019年より教育分析研究所；Institut für Bildungsanalysen に改称）、ブレーメン州学校研究所のスタッフの方々に心より感謝を申し上げたい。

本書は、公益財団法人大幸財団による平成30年度人文・社会科学系学術研究助成の交付を得て進めた研究の成果報告書『ドイツの学力調査と汎用的能力に着目した授業のクオリティマネジメント』（2020年３月26日発行）を土台にし、令和４年度名古屋市立大学人間文化研究叢書出版助成金の交付を受けて、同研究成果報告書を大幅に加筆・修正して刊行したものである。本研究はJSPS 科研費（課題番号20K02797、20H01667）の研究成果の一部を総括したものでもある。

末筆ながら、本書出版を快く引き受けてくださった風間書房の風間敬子社長、編集の労をとってくださった斉藤宗親氏に心から御礼を申し上げたい。

2022年12月26日に永眠した、親友でありハレ大学の教授であったミヒャエル・ゲーバウアー氏（† Prof. Dr. Michael Gebauer）に本書を捧げる。

初出一覧

本書の第１部は、原田信之『ドイツの学力調査と汎用的能力に着目した授業のクオリティマネジメント』（公益財団法人大幸財団平成30年度人文・社会科学系学術研究助成研究成果報告書、2020年３月26日）を大幅に加筆・修正したものである。この報告書には原田信之「ドイツのカリキュラム・マネジメントと授業の質保証」（同編著『カリキュラム・マネジメントと授業の質保証』北大路書房、2018年）の一部を加筆・修正して、再掲したものが含まれる。

第２部第５章は、原田信之「ドイツ初等教育「事実教授」における統合教科固有のコンピテンシーと連関性の可視化ーバーデン・ヴュルテンベルク州ビルドゥング計画を対象にー」（『人間文化研究』第35号、2021年１月）を、同第６章は、原田信之「ドイツ・チューリンゲン州第三次ビルドゥング計画（2019年版）における認知能力・非認知能力の育成ー三次元構成論の能力枠への着目ー」（『人間文化研究』第36号、2021年７月）を加筆・修正したものである。

引用・参考文献一覧

(欧文)

Amtsblatt der Europäischen Union, „Empfehlung des europäischen Parlaments und des Rates vom 18. Dezember 2006 zu Schlüsselkompetenzen für lebensbegleitendes Lernen (2006/962/EG)" am 30. Dezember 2006, L394/10-18

Arbeitskreis Deutscher Qualifikationsrahmen für lebenslanges Lernen (DQR): Diskussionsvorschlag eines Deutschen Qualifikationsrahmens für lebenslanges Lernen. 2009

Bauer, Karl-Oswald/ Logemann, Niels (Hrsg.): Kompetenzmdelle und Unterrichts entwicklung. Klinkhardt 2009

Behörde für Schule und Berufsbildung (Hrsg.): Orientierungsrahmen Schulqualität und Leitfaden. 2012

Bentke, Uta: Zur Implementation eines output- und kompetenzorientierten curricularen Steuerungsmodells in die Schulpraxis. Verlag Dr. Kovač 2011

Berkmeyer, Nils/ Bos, Wilfried/ Hermstein, Björn (Hrsg.): Schulreform. Beltz 2019.

Bez, Sarah/ Poindl, Simone/ Bohl, Thrsten/ Merk, Samuel: Wie werden Rückmeldungen von Vergleicharbeiten rezipiert? In: Zeitschrift für Pädagogik 2021, Heft 4.

Beywl, Wolfgang: Mit Daten zu Taten - Der Ansatz der unterrichtsintegrierten Selbstevaluation. In: Journal für Schulentwicklung 17. Jahrgang, Heft 1, 2013

Brühlmann, Jürg/ Hameyer, Uwe: Mit Daten zu Taten - Wenn Schulen Wissen nutzen. In: Journal für Schulentwicklung 17. Jahrgang, Heft 1, 2013

Bundesministerium für Bildung und Forschung (BMBF) (Hrsg.): Zur Entwicklung nationaler Bildungsstandards - Eine Expertise. 2003

Bundesministerium für Bildung und Forschung (BMBF) (Hrsg.): Steuerung im Bildungssystem. 2016

Bundesministerium für Bildung und Forschung (BMBF) (Hrsg.): Forschungsvorhaben in Ankopplung an Large-Scale-Assessments. 2016

Bund-Länder-Koordinierungsstelle für den Deutschen Qualifikationsrahmen für lebenslanges Lernen (Hrsg.): Handbuch zum Deutschen Qualifikationsrahmen, Struktur-Zuordnungen-Verfahren-Zuständigkeiten. Stand: 01.08.2013

Cunha, F. & J, Heckman: The technology of skill formation. In: American Economic Review, Vol. 97, No. 2

Deutsche Gesellschaft für Erziehungswissenschaft (DGfE): Stellungnahme zum Europäischen Qualifikationsrahmen und seiner nationalen Umsetzung

Deutscher Qualifikationsrahmen für lebenslanges Lernen, verabschiedet vom Arbeitskreis Deutscher Qualifikationsrahmen (AK DQR) am 22. März 2011

DG Bildung und Kultur: Ein Europäischer Referenzrahmen – Schlüsselkompetenzen für lebenslanges Lernen. Europäische Gemeinschaft 2007. Education and Culture DG: European Reference Framework – Key Competences for Lifelong Learning. European Communities 2007

Deutsches PISA-Konsortium (Hrsg.): PISA 2000. Leske+Budrich 2001

Döbert, Hans/ Weishaupt, Horst (Hrsg.): Bildungsmonitoring, Bildungsmanagement und Bildungssteuerung in Kommunen. Waxmann 2015

Gehrmann, Axel/ Hericks, Uwe/ Lüders, Manfred (Hrsg.): Bildungsstandards und Kompetenzmodelle. Klinkhardt 2010

Gesellschaft für Didaktik des Sachunterrichts (GDSU): Perspektivrahmen Sachunterricht. Klinkhardt 2002.

Gesellschaft für Didaktik des Sachunterrichts (GDSU): Perspektivrahmen Sachunterricht. Vollständig überarbeitete und erweiterte Ausgabe. Klinkhardt 2013

Glöckel, Hans: Vom Unterricht. Klinkhardt, 4. Auflage 2003

Gnahs, Dieter: Kompetenzen – Erwerb, Erfassung, Instrumente. W. Bertelsmann Verlag 2010

Köller, Olaf/ Hasselhgorn, Marcus/ Hessem Friedrich W. u.a. (Hrsg): Das Bildungswesen in Deutschland. Verlag Julius Klinkhardt 2019

Granzer, Dietlinde/ Köller, Olaf/ Bremerich-Vos, Albrert u.a. (Hrsg.): Bildungsstandards Deutsch und Mathematik. Beltz Verlag 2009

Grünkorn, Juliane/ Klieme, Eckhard/ Stanat Petra: Bildungsmonitoring und Qualitätssicherung. In: Köller, Olaf u.a. (Hrsg.): Das Bildungswesen in Deutschland. Verlag Julius Klinkhardt 2019

Harring, Marius/ Rohlfs, Carsten/ Gläser-Zikuda, Michaela (Hrsg.): Handbuch Schulpädagogik. 2. Auflage, Waxmann 2022

Hartong, Sigrid: Zum Optimierungsdrang des Bildungsmonitoring. In Zeitschrift für Pädagogik. 2020, Heft 1.

Hessische Lehrkräfteakdemie (Hrsg.): Zentrale Lernstandserhebungen in Hessen. 2. Auflage 2015

Hosenfeld, Annette: Führt Unterrichtsrückmeldung zu Unterrichtsentwicklung? Waxmann 2010

Institut für Qualitätsentwicklung (Hrsg.): Die Bildungsstandards, die Outputsteuerung und ihre Kritiker. 2006

IQB: Vergleichsarbeiten 3. und 8. Jahrgangstufe (VERA-3 und VERA-8). Didaktische Handreichung Modul A. Allgemeine Erläuterungen zu VERA

Kiel, Ewald/ Herzog, Bardo/ Maier, Uwe/ Sandfuchs, Uwe (Hrsg.): Handbuch Unterrichten an allgemeinbildunden Schulen. Verlag Julius Klinkhardt 2019

Köller, Olaf: Bildungsstandards. In: Tippelt, Rudolf/ Schmidt-Hertha, Bernhard (Hrsg.): Handbuch Bildungsforschung. 4., überarbeitete und aktualisierte Auflage Band 1, Springer VS 2018

Krüger, Heinz-Hermann: Erziehungs- und Bildungswissenschaft als Wissenschaftsdisziplin. Verlag Barbara Budrich 2019

Land Baden-Württemberg vertreten durch das Institut für Bildungsanalysen (IBBW) (Hrsg.): Vergleichsarbeiten VERA 3, Nutzung der Ergebnisse im Rahmen der Qualitätssicherung in Schulen. 2019

Landesinstitut für Schule Bremen (Hrsg.): VERA-3, Handreichung zur Durchführung und Weiterarbeit. 2013

Landesinstitut für Schule Bremen (Hrsg.): VERA-8, Handreichung zur Durchführung und Weiterarbeit. 2013

Landesinstitut für Schule und Medien Berlin-Brandenburg (Hrsg.): Das ABC des schulinternen Curriculums. 2016

Landesinstitut für Schulentwicklung (Hrsg.): Qualitätssicherung und Qualitätsentwicklung, Leitfaden zur Selbstevaluation an Schulen. 2007

Landesinstitut für Schulentwicklung (Hrsg.): Vergleichsarbeiten VERA, Umgang mit den Ergebnissen im Rahmen der Selbstevaluation der Schule. 2013

Lersch, Rainer/ Schreder, Gabriele: Grundlagen kompetenzorientierten Unterrichtens. Verlag Barbara Budrich 2013

Maier, Uwe: Wie gehen Lehrerinnen und Lehrer mit Vergleichsarbeiten um? Schneider Verlag 2009

Ministerium für Bildung, Jugend und Sport des Landes Brandenburg:

Orientierungsrahmen Schulqualität, Ein Handbuch für gute Schulen im Land Brandenburg. 3. überarbeitete Auflage 2016

Ministerium für Kultus, Jugend und Sport Baden-Württemberg (Hrsg.): Bildungsplan 2004 Grundschule

Ministerium für Kultus, Jugend und Sport Baden-Württemberg (Hrsg.): Orientierungsrahmen zur Schulqualität für allgemein bildende Schulen in Baden-Württemberg. 2007

Ministerium für Kultus, Jugend und Sport Baden-Württemberg (Hrsg.): Bildungsplan 2016, Sachunterricht. Amtsblatt des Ministeriums für Kultus, Jugend und Sport Baden-Württemberg, Ausgabe C: Bildungsplanheft. Necker-Verlag 2016 (letzter Aufruf: 10. Nov. 2020: http://www.bildungsplaene-bw.de/,Lde/LS/BP 2016BW/ALLG/GS/SU)

Ministerium für Kultus, Jugend und Sport Baden-Württemberg (Hrsg.): Bildungsplan 2016, Bewegung, Spiel und Sport. Amtsblatt des Ministeriums für Kultus, Jugend und Sport Baden-Württemberg, Ausgabe C: Bildungsplanheft. Necker-Verlag 2016 (letzter Aufruf: 10. Nov. 2020: http://www.bildungsplaene-bw.de/site/bildungsplan/get/documents/lsbw/export-pdf/depot-pdf/ALLG/BP2016BW_ALLG_GS _BSS.pdf

Ministerium für Kultus, Jugend und Sport Baden-Württemberg (Hrsg.): Unterrichtsentwicklung an beruflichen Schulen in Baden-Württemberg. 2015

Niedersächsisches Kultusministerium: Schulische Qualitätsentwicklung in Niedersachsen. 2014

Obolenski, Alexandra: Teamverständnis und Teamkompetenz angehender LehrerInnen. Verlag Dr. Kovač 2008

OECD: Deutschland Ländernotiz, Programme for International Student Assessment (PISA), PISA 2018 Ergebnisse. 2019

OECD: Future of Education and Skills 2030, Conceptual learning framework, LEARNING COMPASS 2030 (OECD_Learning_Compass_ 2030_concept_note.pdf：最終アクセス2021年５月10日)

Oelkers, Jürgen/ Reusser, Kurt: Expertise: Qualität entwickeln – Standards sichern – mit Differenz umgehen. BMBF 2008

Ophoff, Jana Groß: Vergleichsarbeiten. In: Kiel, Ewald u.a (Hrsg.): Handbuch Unterrichten an allgemeinbildunden Schulen. Verlag Julius Klinkhardt 2019

Orientierungsplan für Bildung und Erziehung in baden-württembergischen Kindergärten und weiteren Kindertageseinrichtungen. Herder 2011

Pandel, Hans-Jürgen: Geschichtsunterricht nach PISA. Wochenschau Verlag 2006 (ハンス-ユルゲン・パンデル著、原田信之監訳、宇都宮明子訳『PISA後のドイツ歴史教授学』デザインエッグ社、2017年)

Pant, Hans Anand/ Stanat, Petra/ Schroeders, Ulrich/ Roppelt, Alexander/ Siegle, Thilo/ Pöhlmann, Claudia (Hrsg.): IQB-Ländervergleich 2012. Waxmann 2013

Pant, Hans Anand: Einführung in den Bildungsplan 2016. In: Ministerium für Kultus, Jugend und Sport Baden-Württemberg (Hrsg.): Bildungsplan 2016, Lehrkräftebegleitheft. Necker-Verlag 2016

Payk, Bernhard: Deutsche Schulpolitik nach dem PISA-Schock: Wie die Bundesländer auf die Legitimationskriese des Schulsystems reagieren. Verlag Dr. Kovač 2009

Qualitäts- und UnterstützungsAgentur – Landesinstitut für Schule NRW (Hrsg.): Informationen zum Umgang mit den Ergebnissen der Lernstandserhebungen. 2015

Richter, Dirk: Die Vergelichsarbeiten in Deutschland: Eine Bestandsaufnahme. In: Bundesministerium für Bildung und Forschung (Hrsg.): Bildungsforschung 2020: Zwischen wissenschaftlicher Exzellenz und gesellschaftlicher Verantwortung. 2016

Richter, Dirk/ Stanat, Petra: Bildungsstandards und Kompetenzorientierung. In: Harring, Marius/ Rohlfs, Carsten/ Gläser-Zikuda, Michaela (Hrsg.): Handbuch Schulpädagogik. Waxmann 2., aktualisierte und erweiterte Auflage 2022

Scott, Franz/ Ghanbari Azizi, Shahram: Bildungsstandards, Kompetenzdiagnostik und kompetenzorientierter Unterricht zur Qualitätssicherung des Bildungswesens. Waxmann 2012

Schützenmeister, Jörn/ Wortmann, Elmar (Hrsg.): Pädagogikunterricht zwischen Kompetenzorientierung, Bildungsstandards, schulinternen Lehrplänen und Zentralabitur. Waxmann 2018

Sekretariat der Ständigen Konferenz der Kultusminister der Länder in der Bundesrepublik Deutschland: Bildungsstandards im Fach Mathematik für den Mittleren Schulabschluss. Beschluss vom 4.12.2003. Luchterhand 2003

Sekretariat der Ständigen Konferenz der Kultusminister der Länder in der Bundesrepublik Deutschland (Hrsg.): Bildungsstandards der Kultusministerkonferenz, Erläuterungen zur Konzeption und Entwicklung. LinkLuchterhand 2005

Sekretariat der Ständigen Konferenz der Kultusminister der Länder in der Bundesrepublik Deutschland: Gesamtstrategie der Kultusministerkonferenz zum Bildungsmonitoring. LinkLuchterhand 2006

Sekretariat der Ständigen Konferenz der Kultusminister der Länder in der Bundesrepublik Deutschland (Hrsg.): Konzeption der Kultusministerkonferenz zur Nutzung der Bildungsstandards für die Unterrichtsentwicklung. 2010, Carl Link

Sekretariat der Ständigen Konferenz der Kultusminister der Länder in der Bundesrepublik Deutschland: Vereinbarung zur Weiterentwicklung der Vergleichsarbeiten (VERA), Beschluss der Kultusministerkonferenz vom 08.03.2012 i.d.F. vom 15.03.2018

Senatsverwaltung für Bildung, Jugend und Wissenschaft (Hrsg.): Handlungsrahmen Schulqualität in Berlin. 2013.

Ständigen Konferenz der Kultusminister der Länder in der Bundesrepublik Deutschland: Zur Sicherung der Qualität schulischer Bildung, in „Grundsätzliche Überlegungen zu Leistungsvergleichen innerhalb der Bundesrepublik Deutschland - Konstanzer Beschluss -", Beschluss der Kultusministerkonferenz vom 24.10.1997

Ständige Konferenz der Kultusminister der Länder in der Bundesrepublik Deutschland (KMK): Gesamtstrategie der Kultusministerkonferenz zum Bildungsmonitoring. Wolters Kluwer Deutschland GmbH 2006

Stäudel, Thea: Handlungskompetenz für Auszubildende Band 1. Pabst Science Publishers 2008.

Stanat, Petra/ Schipolowski, Stefan/ Rjosk, Camilla/ Weirich, Sebastian/ Haag, Nicole (Hrsg.): IQB-Bildungstrend 2016. Waxmann 2017

Stanat, Petra/ Schipolowski, Stefan/ Mahle, Nicole u.a. (Hrsg): IQB-Bildungstrend 2018: Mathematische und naturwissenschaftliche Kompetenzen am Ende der Sekundarstufe I im zweiten Ländervergleich. Waxmann 2019

Stanat, Petra/ Schipolowski, Stefan/ Rjosk, Camilla u.a. (Hrsg): IQB-Bildungstrend 2016: Kompetenzen in den Fächern Deutsch und Mathematik am Ende der 4. Jahrgangsstufe im zweiten Ländervergleich. Waxmann 2017

Stanat, Petra/ Böhme, Karin/ Schipolowski, Stefan u.a. (Hrsg): IQB-Bildungstrend 2015: Sprachliche Kompetenzen am Ende der 9. Jahrgangsstufe im zweiten Ländervergleich. Waxmann 2016

Stanat, P./ Schipolowski, S./ Schneider, R./ Sachse, K. A./ Weirich, S./ Henschel, S.: Kompetenzen in den Fächern Deutsch und Mathematik am Ende der 4. Jahrgangsstufe: Erste Ergebnisse nach über einem Jahr Schulbetrieb unter Pandemiebedingungen. Berlin: Institut zur Qualitätsentwicklung im Bildungswesen. 2022（https://www.iqb.hu-berlin.de/bt/BT2021/Bericht/、最終アクセス：2022年9月30日）

Steiner, Peter/ Landwehr, Norbert: TQM – Eine Herausforderung für die Schule. In: Das Q2E-Modell – Schritte zur Schulqualität. h.e.p. verlag 2003

Terhart, Ewald: Nach PISA. Bildungsqualität entwickeln. Europäische Verlagsanstalt 2002

Thüringer Ministerium für Bildung, Wissenschaft und Kultur (Hrsg.): Thüringer Bildungsplan für Kinder bis 10 Jahre. verlag das netz 2008

Thüringer Ministerium für Bildung, Wissenschaft und Kultur (Hrsg.): Leitgedanken zu den Thüringer Lehrplänen für die Grundschule und für die Förderschule mit dem Bildungsgang der Grundschule. 2010

Thüringer Ministerium für Bildung, Jugend und Sport (Hrsg.): Thüringer Bildungsplan für Kinder bis 18 Jahre. 2015

Thüringer Ministerium für Bildung, Jugend und Sport (Hrsg.): Thüringer Bildungsplan für Kinder bis 18 Jahre. verlag das netz 2019

Thüringer Schulgesetz vom 6. August 1993 in der Fassung der Bekanntmachung vom 30. April 2003, zuletzt geändert durch Artikel 1 des Gesetzes vom 20. Dezember 2010

Thüringer Schulordnung für die Grundschule, die Regelschule, die Gemeinschaftsschule, das Gymnasium und die Gesamtschule vom 20. Januar 1994, gültig ab 01.08.2011

Wacker, Albrecht: Bildungsstandards als Steuerungselemente der Bildungsplanung. Klinkhardt 2008

Weinert, Franz E. (Hrsg.): Leistungsmessung in Schulen. Beltz 2001

Winther, Esther: Kompetenzerfassung und -entwicklung in der Bildungsforschung. In: Tippelt, Rudolf/ Schmidt-Hertha, Bernhard (Hrsg.): Handbuch Bildungsforschung. Band 2, 4. Auflage, Springer VS 2018

Wurster, Sebastian/ Richter, Dirk: Nutzung von Schülerleistungsdaten aus Vergleichsarbeiten und zentralen Abschlussprüfungen für Unterrichtsentwicklung in Brandenburger Fachkonferenzen. In: Journal für Bildungsforschung Online. Volume 8, 2016, No. 3

Wurster, Sebastian/ Richter, Dirk/ Anna, Eva: Datenbasierte Unterrichtsentwicklung und ihr Zusammenhang zur Schülerleistung. In: Zeitschrift für Erziehungswissenschaft, Heft 4, 2017

Wurster, Sebastian: Förderliche und hinterliche Bedingungen für die datengestützte Unterrichtsentwicklung mit Vergleicharbeiten, zentralen Prüfungen und internen Evaluationen. In: Zeitschrift für Pädagokik. 2022, Heft 1

Zeitler, Sigrid/ Heller, Nina/ Asbrand, Barbara: Bildungsstandards in der Schule. Waxmann Verlag 2012

Zentrum für empirische pädagogische Forschung: VERA im Blick. Vertiefende Informationen zu den Vergleichsarbeiten, zur Vorbereitung, zum fairen Vergleich, zur Diagnosegenauigkeit und zur pädagogischen Nutzung. Universität Koblenz-Landau, Campus Landau 2016

Zentrum für Empirische Pädagogische Forschung Universität Koblenz-Landau (ZEPF): VERA 8 Vergleichsarbeiten in der achten Jahrgangsstufe, Lerngruppenbezogene Rückmeldung der Testergebnisse 2017

Zuber, Julia/ Altrichter, Herbert/ Heinrich, Martin (Hrsg.): Bildungsstandards zwischen Politik und schulischem Alltag. Springer VS 2019

(和文)

宇都宮明子「コンピテンシー・ベースの学習指導要領への転換に関する考察：バーデン・ヴュルテンベルク州ビルドゥング計画の分析に基づいて」、『人間文化研究』第37号、1-17頁、2022年

宇都宮明子「社会科学習指導要領におけるアウトカム志向への転換に関する考察」、『日本教科教育学会誌』第42 巻第 2 号、日本教科教育学会、13-23頁、2019年

宇都宮明子「コンピテンス志向の歴史学習の実現に向けた考察：ドイツ・ザクセン-アンハルト州の場合」、『カリキュラム研究』第22号、日本カリキュラム学会、43-56頁、2013年

OECD 教育研究イノベーションセンター報告書『国の福利：人的資本及び社会的資

本の役割』、日本経済調査協議会刊行、2002年
OECD（池迫浩子・宮本晃司・ベネッセ教育総合研究所訳）『家庭、学校、地域社会における社会情動的スキルの育成』ベネッセ総合研究所、2015年
小笠原道雄「形式陶冶、実質陶冶」、『新教育学大辞典第3巻』第一法規出版、1990年
籾井圭子「知識基盤の共有に向けて」、『教職研修』2011年6月号
籾井圭子「教育におけるエビデンス活用の推進に向けた考察　―欧州の取り組みを踏まえて」、『国立教育政策研究所紀要』第140集、2011年
川口俊明『全国学力調査はなぜ失敗したのか』岩波書店、2020年
北野秋男「『ハイステイクス・テスト』に接近する日本の学力テスト政策―学力テスト政策の現状と課題―」、『教育学雑誌』第55号、2019年
木戸裕『ドイツ統一・EU統一とグローバリズム』東信堂、2012年
経済協力開発機構（OECD）編著（無藤隆、秋田喜代美監訳）『社会情動的スキル』明石書店、2018年
国立教育政策研究所編『生きるための知識と技能　OECD生徒の学習到達度調査（PISA）2000年調査国際結果報告書』明石書店、2002年
国立教育政策研究所編『生きるための知識と技能5：OECD生徒の学習到達度調査（PISA）2012年調査国際結果報告書』明石書店、2013年
国立教育政策研究所編『生きるための知識と技能5：OECD生徒の学習到達度調査（PISA）2015年調査国際結果報告書』明石書店、2016年
国立教育政策研究所編『生きるための知識と技能7：OECD生徒の学習到達度調査（PISA）2018年調査国際結果報告書』明石書店、2019年
小玉亮子「PISAショックによる保育の学校化：『境界線』を越える試み」、泉千勢・一見真理子・汐見稔幸編著『世界の幼児教育・保育改革と学力』明石書店、2008年
榊原禎宏「振り返りを促す外部評価に力点を置いた学校評価システム：ドイツ、バーデン・ヴュルテンベルク州」、福本みちよ編著『学校評価システムの展開に関する実証的研究』玉川大学出版部、2013年
坂野慎二『統一ドイツ教育の多様性と質保証』東信堂、2017年
柴田義松編著『ヴィゴツキー心理学事典』新読書社、2007年
白井俊『OECD Education2030プロジェクトが描く教育の未来』ミネルヴァ書房、2020年
末藤美津子「アメリカにおける学力向上をめざした教育政策の課題」、『東京未来大学研究紀要』第5号、2012年

ウルリッヒ・タイヒラー著（吉川裕美子訳）「ボローニャ改革がドイツと欧州諸国の大学の学修プログラムに与えた影響：ボローニャ・プロセス10年間の改革努力」、『大学評価・学位研究』第16号、2014年

高谷亜由子「ドイツ」、文部科学省『諸外国の教育動向2009年度版』明石書店、2010年

田村知子編著『実践・カリキュラム・マネジメント』ぎょうせい

ドイツ教授学研究会編『PISA 後のドイツにおける学力向上政策と教育方法改革』八千代出版、2019年

長島啓記「ドイツにおける学力向上策」、『ドイツ研究』47号、日本ドイツ学会、2013年

中條宗助編著『ドイツ語類語辞典新装版』三修社、2006年

ジョン・ハッティ（原田信之訳者代表）『学習に何が最も効果的か』あいり出版、2017年

濱谷佳奈「ドイツ：個々へ支援をめざす、連邦と州による教育政策」、「ドイツ：健康な教員が担うインクルーシブな教育実践」、志水宏吉監修『世界のしんどい学校』明石書店、2019年

原田信之「学校の自律性とカリキュラム政策」、篠原清昭編著『ポストモダンの教育改革と国家』教育開発研究所、2003年

原田信之編訳（ヒルベルト・マイヤー著）『授業方法・技術と実践理念：授業構造の解明のために』北大路書房、2004年

原田信之「事実教授のカリキュラムとその編成構造に関する研究」、『岐阜大学教育学部研究報告　実践研究』第6巻、2004年

原田信之「諸教科統合型の『ヘンティッヒ・カリキュラム』に関する研究：バーデン・ヴュルテンベルク州基礎学校学習指導要領（2004年版）におけるカリキュラム構成とコンピテンシー・ファクター」、『岐阜大学教育学部研究報告人文科学』第54巻第2号、2006年

原田信之「ドイツ初等教育の統合教科『事実教授』のスタンダード」、『岐阜大学教育学部研究報告教育実践研究』第8巻、2006年

原田信之「教育スタンダードによるカリキュラム政策の展開：ドイツにおける PISA ショックと教育改革」、『九州情報大学研究論集』第8巻第1号、2006年

原田信之「事実教授カリキュラムとコンピテンシーの育成：諸州共同版学習指導要領（2004年）の検討」、『岐阜大学教育学部研究報告人文科学』第56巻第1号、2007年

原田信之編著『確かな学力と豊かな学力』ミネルヴァ書房、2007年
原田信之「ドイツの協同学習と社会コンピテンシーの育成」、『岐阜大学教育学部研究報告人文科学』第57巻第1号、2008年
原田信之「ドイツはPISAの問題にどのように取り組んでいるか」、日本教育方法学会編『現代カリキュラム研究と教育方法学　教育方法37』図書文化、2008年
原田信之『ドイツの統合教科カリキュラム改革』ミネルヴァ書房、2010年
原田信之「ドイツの統合教科『事実教授』のカリキュラムとコンピテンシー：ハンブルク州2010年版基礎学校学習指導要領の検討」、『岐阜大学教育学部研究報告人文科学』第59巻第1号、2010年
原田信之「欧州における新たなキー・コンピテンシーの構築」、『岐阜大学教育学部研究報告人文科学』第59巻第2号、2011年
原田信之「コンピテンシーを規定した統合教科『事実教授』のカリキュラム：ノルトライン・ヴェストファーレン州2008年版から」、『岐阜大学教育学部研究報告人文科学』第60巻第1号、2011年
原田信之「コンピテンシー構築志向のカリキュラム～ドイツ・チューリンゲン州基礎学校2010年版学習指導要領～」、『岐阜大学教育学部研究報告人文科学』第61巻第1号、2012年
原田信之「ドイツにおけるコンピテンシー構築志向型の学力形成：能力枠と非認知の学力要素」、日本学校教育学会「グローバル時代の学校教育」編集委員会『グローバル時代の学校教育』三恵社、2013年
原田信之「ドイツの統合教科『事実教授』の新スタンダード：初等教育段階の歴史学習に着目して」、『人間文化研究』第20号、2014年
原田信之「ドイツ初等教育の統合教科『事実教授』の新しいスタンダード：2013年改訂学会版スタンダード」、『人間文化研究』第20号、2014年
原田信之「協同の学びで育成するコンピテンシーと効果に関する研究～汎用的能力としての社会コンピテンシーの評価のために～」、『人間文化研究』第22号、2014年
原田信之「ドイツにおける環境教育の光と影：PISAショック後の重点シフト」、今村光章編著『環境教育学の基礎理論―再評価と新機軸―』法律文化社、2016年
原田信之「ESDで育成する学力と総合的学習の学力」、『せいかつか&そうごう』第23号、日本生活科・総合的学習教育学会、2016年
原田信之『ドイツの協同学習と汎用的能力の育成―持続可能性教育の基盤形成のために―』あいり出版、2016年
原田信之「世界の学力調査：諸外国の学力ガバナンスと学力調査、第4回ドイツにお

ける学力調査」、『Synapse』第58号、2017年
原田信之編著『カリキュラム・マネジメントと授業の質保証』北大路書房、2018年
原田信之「ポスト近代型能力の育成と協同学習」、日本協同教育学会編『日本の協同教育』ナカニシヤ出版、2019年
原田信之「ドイツ初等教育「事実教授」における統合教科固有のコンピテンシーと連関性の可視化―バーデン・ヴュルテンベルク州ビルドゥング計画を対象に―」、『人間文化研究』第35号、2021年
原田信之「ドイツ・チューリンゲン州第三次ビルドゥング計画（2019年版）における認知能力・非認知能力の育成―三次元構成論の能力枠への着目―」、『人間文化研究』第36号、2021年
布川あゆみ『現代ドイツにおける学校制度改革と学力問題』晃洋書房、2018年
福田誠治「ヨーロッパ諸国の教育改革からの示唆」、『季刊 政策・経営研究』2009年
クリストフ・フュール著（天野正治他訳）『ドイツの学校と大学』玉川大学出版部、1996年
松下佳代編著『〈新しい能力〉は教育を変えるか』ミネルヴァ書房、2010年
袰岩晶・篠原真子・篠原康正『PISA 調査の解剖』東信堂、2019年
文部科学省初等中等教育局教育課程課教育課程企画室「教育とスキルの未来：Education 2030【仮訳（案）】」、『中等教育資料』2018年５月号
山名淳「ビルドゥングとしての『PISA 後の教育』―現代ドイツにおける教育哲学批判の可能性―」、教育哲学会『教育哲学研究』第116号、2017年
山本準・岡島典子「日本の教育問題における分析手法としての P. ブルデューの有用可能性について」、『鳴門教育大学紀要』第35巻、2020年
吉川裕美子「ヨーロッパ統合と高等教育政策」、大学評価・授与機構研究紀要『学位研究』第17号、2003年
吉田成章「PISA 後ドイツのカリキュラム改革におけるコンピテンシー（Kompetenz）の位置」、『広島大学大学院教育学研究科紀要第三部（教育人間科学領域）』第65号、2016年
吉本均『ドラマとしての授業の成立』明治図書、1982年
吉本均『授業をつくる教授学キーワード』明治図書、1986年
結城忠『ドイツの学校法制と学校法学』信山社、2019年
結城忠『教育の自治・分権と学校法制』東信堂、2009年
ドミニク・S・ライチェン／ローラ・H・サルガニク（編著）立田慶裕（監訳）『キー・コンピテンシー』明石書店、2006年

ハインリッヒ・ロート（平野正久訳）『発達教育学』明治図書、1976年

ワールドインテリジェンスパートナーズジャパン株式会社『平成26年度内閣府公共サービス改革推進室委託事業「諸外国における公共サービス改革の取組状況に係る調査」報告書』2005年2月27日

註

1）ワールドインテリジェンスパートナーズジャパン株式会社『平成26年度内閣府公共サービス改革推進室委託事業「諸外国における公共サービス改革の取組状況に係る調査」報告書』2005年２月27日、127-128ページ、武田公子「ドイツ自治体の行政改革～『新制御モデル』をめぐって～」、『福祉社会研究』第１号、2000年、36-47ページ参照。教育におけるニューパブリック・マネジメントについては、Döbert, Hans/ Weishaupt, Horst (Hrsg.): Bildungsmonitoring, Bildungsmanagement und Bildungssteuerung in Kommunen. Waxmann 2015, S. 26-27 や Grünkorn, Juliane/ Klieme, Eckhard/ Stanat, Petra: Bildungsmonitoring und Qualitätssicherung. In: Köller, Olaf u.a. (Hrsg.): Das Bildungswesen in Deutschland. Verlag Julius Klinkhardt 2019, S. 266を参照。

2）ワールドインテリジェンスパートナーズジャパン 2005年、127ページ参照。

3）文部科学省総合教育政策局調査企画課学力調査室「令和３年度『全国学力・学習状況調査』経年変化分析調査テクニカルレポート」９ページ参照。

4）Ständigen Konferenz der Kultusminister der Länder in der Bundesrepublik Deutschland: Zur Sicherung der Qualität schulischer Bildung, in „Grundsätzliche Überlegungen zu Leistungsvergleichen innerhalb der Bundesrepublik Deutschland - Konstanzer Beschluss -, Beschluss der Kultusministerkonferenz vom 24.10.1997. 原田信之編著『確かな学力と豊かな学力』ミネルヴァ書房、2007年、87ページ参照。

5）Döbert, Hans/ Weishaupt, Horst 2015, S. 30.

6）原田信之 2007年、81ページ。坂野慎二『統一ドイツ教育の多様性と質保証』東信堂、2017年を参照。

7）Vgl. Grünkorn, Juliane/ Klieme, Eckhard/ Stanat, Petra 2019, S. 265-266.

8）国立教育政策研究所編『生きるための知識と技能：OECD 生徒の学習到達度調査（PISA）2000年調査国際結果報告書』明石書店、2002年。

9）原田信之 2007年、83-86ページ。

10）国立教育政策研究所編 2002年を参照。

11）OECD: Deutschland Ländernotiz, Programme for International Student Assessment (PISA), PISA 2018 Ergebnisse. 2019, S. 4.

12）国立教育政策研究所編 2002年を参照。

13）Vgl. Glöckel, Hans: Vom Unterricht. Klinkhardt, 4. Auflage 2003, S. 90.

14）原田信之 2007年、79-82ページ参照。

15）速報版。詳細な結果は、同年11月末に出された。なお、PISA-E には1460校、5万7千人が参加した。

16）国立教育政策研究所編 2002年を参照。

17）ブルデューは資本の形態を⑴経済資本、⑵文化資本、⑶社会関係資本、⑷象徴資本の4つに体系化した。例えば文化資本は、経済資本とは異なり、絵画、書籍、美術品など「(客体化された文化資本を除き）世代間において物理的譲渡は不可能なもののはずである」が、上層階層の子どもは、「幼少時より書籍や美術品などの正統的文化的財に囲まれ、美術館や博物館を訪れたり、クラッシック音楽や演劇などの正統的文化に触れたりして、生育環境のなかで論理的思考や正統的言語能力等の文化資本を身につけていく」という。つまり、文化的再生産論とは、「上位階層集団が保有する正統的文化資本を親世代から継承した子どもが、他の階層の子どもよりも有利な立場で高い学歴を獲得し、親世代と同様の上位階層に位置付けられてゆく過程」を意味するという（山本準・岡島典子「日本の教育問題における分析手法としての P. ブルデュー理論の有用可能性について」、『鳴門教育大学研究紀要』第35巻、2020年、171-172ページ参照）。

18）近年、分岐を減らす州が増えてきている。

19）原田信之『ドイツの統合教科カリキュラム開発』ミネルヴァ書房、2010a 年、32-37ページ参照。なお、1960年代にもダーレンドルフやエルリンクハーゲンらにより、「労働者子弟、田舎の子どもたち、少女たちが当時平均を下まわっていたこと、ならびにプロテスタントの住民層に対するカトリックの住民層の教育の欠乏」など、いわゆる教育格差の問題は指摘されていた（クリストフ・フュール著、天野正治他訳『ドイツの学校と大学』玉川大学出版部、1996年、40ページ）。

20）KMK-Pressemitteilung (Bonn, 6. Dezember 2004).

21）KMK「2001年12月5・6日開催の第296回文部大臣定例会議」296. Plenarsitzung der Kultusministerkonferenz am 05./06. Dezember 2001 in Bonn（最終アクセス2022年9月25日）。

22）優先的に取り組むべき教育改革の7つの課題（アクションプラン）とは、①就学前教育段階からの言語能力の改善、②就学前教育と基礎学校との接続の改善、③基礎学校教育の改善、読解力や数学・自然科学の基本的理解に関する改善、④教育的に不利益な条件を負う子ども（移民家庭の子女など）への支援、⑤教育スタンダードに基づく授業と学校の質保証と改善、⑥教員の専門性（診断・方法コンピテンシー）の改善、⑦特別支援を必要とする生徒及び特に才能のある生徒への教育提供、終日（全日）教育による教育・支援の拡充である。

23）ビルドゥング（Bildung）のコアとなる学習内容（能力を含む）の標準を示すもの。このビルドゥングをめぐるPISA後の教育への評価に関し、その議論が前提とする問題について、山名淳の論文「ビルドゥングとしての『PISA後の教育』—現代ドイツにおける教育哲学批判の可能性—」（教育哲学会『教育哲学研究』第116号、2017年、101-118ページ）に基づき整理しておく。山名によれば、ビルドゥング概念を重視する論者において、「一般にその基調をなしているのは反ビルドゥングとしての『PISA後の教育』という解釈であった」（102ページ）。しかし、「PISAもまた『ビルドゥング論』の一バリエーションである」（同）と主張し、「PISA後の教育」批判を批判してきたのが、ドイツを代表する一般教育学の泰斗ハインツ-エルマー・テノルトである。PISA2000の結果が公表された当時を振り返ると、ドイツ最初のPISA調査の報告書でも、ビルドゥングの語を用い、PISAは「機能主義的な立場」からの「基礎的ビルドゥングの構想」であると説明されていた（104ページ参照）。ドイツにおける国共通の教育スタンダード（ビルドゥング・スタンダード）の構想を示した『クリーメ鑑定書』でも、ビルドゥングの語を用いて、スタンダードが説明されていた（同）。つまり、今日のビルドゥング概念は、古典的哲学の伝統を引き継ぎつつも、「自己と世界との相互作用という包括的な意味を帯びており、他方においてPISAに象徴されるラージスケール・アセスメントと関連するリテラシーやスタンダードの意味をも含み込む傾向にある」（同）との判断を下している。山名はさらに、こうした評価にとどまらず、哲学由来のビルドゥング論に対する最も先鋭化したテノルトの批判を取り上げる。テノルトが批判するのは、ビルドゥングを「語りえないものの理論」として位置づけ、実証性を退けようとする教育学の伝統であり、ビルドゥング論が「科学的な語りを回避する」（109ページ）その傾向性に対してである。この傾向性とは、「『ビルドゥング論』者たちが『世界』を道徳的かつ規範的なものとみなしつつ、それとの隔たりによって現実を批判する傾向」であることに加え、「教育のリアリティーに潜む根本矛盾を顕在化するための概念的道具としてのみ用いられる」（同）傾向であり、ビルドゥング概念を現実批判のために「ユートピア的に援用」（同）しようとする「ビルドゥング論」者の傾向を批判している。テノルトの答えは、「PISAもまたある種の『ビルドゥング論』を内在させている」（110-111ページ）のであり、PISAにおける基礎的コンピテンシーに関する構想は「世界への方向づけを媒介するような、私たちの文化の中心的な諸対象との出会いを包含している」（111ページ参照）ということである。

24）Bentke, Uta: Zur Implementation eines output- und kompetenzorientierten curricularen Steuerungsmodells in die Schulpraxis. Verlag Dr. Kovač 2011, S. 11-12.

25）Vgl. Sekretariat der Ständigen Konferenz der Kultusminister der Länder in der Bundesrepublik Deutschland（Hrsg.): Bildungsstandards der Kultusministerkonferenz, Erläuterungen zur Konzeption und Entwicklung. LinkLuchterhand 2005a, S. 6.

26）Vgl. Zeitler, Sigrid/ Heller, Nina/ Asbrand, Barbara: Bildungsstandards in der Schule. Waxmann 2012, S. 16.

27）初等・中等教育段階だけでなく、高等教育段階でも同様の情勢にあった。「21世紀初めの10年間に高等教育における教育上の議論が、『知識』（Knowledge）と『達成』（achievement）から「学習成果」（learning outcomes）と「能力」（competences）へ次第に移っていった」（ウルリッヒ・タイヒラー著、吉川裕美子訳「ボローニャ改革がドイツと欧州諸国の大学の学修プログラムに与えた影響：ボローニャ・プロセス10年間の改革努力の総括」、『大学評価・学位研究』第16号、2014年、８ページ）。

28）Vgl. Grünkorn, Juliane u.a. 2019, S. 263.

29）KLUGE Etymologisches Wörterbuch der deutschen Sprache. Bearbeitet von Elmar Seebold, 25., durchgesehene und erweiterte Auflage, De Gruyter 2011, S. 876.

30）原田信之編著『カリキュラム・マネジメントと授業の質保証』北大路書房、2018年、94ページ参照。

31）Vgl. Terhart, Ewald: Nach PISA. Bildungsqualität entwickeln. Europäische Verlagsanstalt 2002. Payk, Bernhard: Deutsche Schulpolitik nach dem PISA-Schock: Wie die Bundesländer auf die Legitimationskriese des Schulsystems reagieren. Verlag Dr. Kovač 2009. Pandel, Hans-Jürgen: Geschichtsunterricht nach PISA. Wochenschau Verlag 2006. 同邦訳版ハンス-ユルゲン・パンデル著、原田信之監訳、宇都宮明子訳『PISA 後のドイツ歴史教授学』デザインエッグ社、2017年。ドイツ教授学研究会編『PISA 後のドイツにおける学力向上政策と教育方法改革』八千代出版、2019年。

32）Vgl. https://www.iqb.hu-berlin.de/（最終アクセス：2022年９月30日）

33）Vgl. https://www.iqb.hu-berlin.de/institut/about（最終アクセス：2022年９月30日）

34）https://www.iqb.hu-berlin.de/institut/about（最終アクセス：2022年９月30日）

35）https://www.iqb.hu-berlin.de/institut/about（最終アクセス：2022年９月30日）
36）Vgl. https://www.iqb.hu-berlin.de/institut/about（最終アクセス：2022年９月30日）
37）松下佳代編著『〈新しい能力〉は教育を変えるか：学力・リテラシー・コンピテンシー』ミネルヴァ書房、2010年、2-3ページ参照。
38）松下 2010年、5-6ページ参照。
39）原田信之「ドイツ初等教育『事実教授』における統合教科固有のコンピテンシーと連関性の可視化―バーデン・ヴュルテンベルク州ビルドゥング計画を対象に―」、『人間文化研究』第35号、2021年、85-86ページ参照。
40）松下佳代 2010年、５ページ。
41）松下佳代 2010年、28ページ。
42）松下佳代 2010年、５ページ。
43）松下佳代 2010年、29-30ページ。ここではコンピテンシー・マネジメント論の脱文脈的なアプローチとして説明されている。
44）松下佳代 2010年、28ページ。
45）松下佳代 2010年、29ページ。
46）福田誠治「ヨーロッパ諸国の教育改革からの示唆」、『季刊 政策・経営研究』vol. 2、2009年。
47）福田誠治 2009年、21ページ、同論稿からの引用文中内の原語は省略した。以下同じ。
48）福田誠治 2009年、21ページ。日本経済調査協議会刊行のOECD教育研究イノベーションセンターの報告書『国の福利：人的資本及び社会的資本の役割』（2002年３月、ISSN：1342-5897、非売品）では、社会資本を「集団内部または集団間の協力を円滑にする共通の規範、価値観及び理解を伴うネットワーク」（65ページ）であるとし、社会的なきずな、橋渡し、連結などと表現される「連結社会的資本を、公式の制度の資源、考え方及び情報を身近な共同体の範囲を超えて活用する個人及び共同体の能力」（66-67ページ）と定義している。
49）福田誠治 2009年、21ページ。引用文中の「福利」を「ウェルビーイング」と改変した。
50）福田誠治 2009年、21ページ。
51）福田誠治 2009年、22ページ。
52）ドミニク・S・ライチェン、ローラ・H・サルガニク編著、立田慶裕監訳『キー・コンピテンシー：国際標準の学力をめざして』明石書店、2006年、26ページ。

53） ドミニク・S・ライチェン他 2006年、27ページ。

54） ドミニク・S・ライチェン他 2006年、25ページ。

55） この第2節は『ドイツの協同学習と汎用的能力の育成』第1章第1節を加筆・修正したものである。

56） DG Bildung und Kultur: Ein Europäischer Referenzrahmen - Schlüsselkompetenzen für lebenslanges Lernen. Europäische Gemeinschaft 2007. Education and Culture DG: European Reference Framework - Key Competences for Lifelong Learning. European Communities 2007.

57） 1992年2月にマーストリヒト条約が締結されて以後、ヨーロッパの教育政策は大きな転換点に立つことになり、「EU が超国家機関として初めて教育問題にかかわる権限を主張し、…このときから教育政策に取り組む際の EU の基本理念は、教育領域、とくに高等教育領域における国境を越えた協力はヨーロッパの競争力を強化し、ヨーロッパ市民の形成に役立つという政治的信念に裏打ちされている」と見られている（吉川裕美子「ヨーロッパ統合と高等教育政策」、大学評価・授与機構研究紀要『学位研究』第17号、2003年、76ページ）。

58） Amtsblatt der Europäischen Union, „Empfehlung des europäischen Parlaments und des Rates vom 18. Dezember 2006 zu Schlüsselkompetenzen für lebensbegleitendes Lernen (2006/962/EG)“ am 30. Dezember 2006, L394/10-18.

59） Amtsblatt der Europäischen Union am 30. Dezember 2006, L394/10-18.

60） 籾井圭子「教育分野におけるエビデンス活用の推進に向けた考察―欧州の取り組みを踏まえて」、『国立教育政策研究所紀要』第140集、2011年、120ページ。

61） Vgl. Amtsblatt der Europäischen Union am 30. Dezember 2006, L394/10.

62） Amtsblatt der Europäischen Union am 30. Dezember 2006, L394/10.

63） 籾井圭子「知識基盤の共有に向けて」、『教職研修』2011年6月号、114ページ。

64） 原田信之 2007年、93-94ページ参照。

65） Köller, Olaf: Bildungsstandards. In: Tippelt, Rudolf/ Schmidt-Hertha, Bernhard (Hrsg.): Handbuch Bildungsforschung. 4., überarbeitete und aktualisierte Auflage Band 1, 2018, S. 631.

66） https://www.iqb.hu-berlin.de/bista/（最終アクセス：2022年9月28日）。

67） Vgl. Sekretariat der Ständigen Konferenz der Kultusminister der Länder in der Bundesrepublik Deutschland (Hrsg.): Bildungsstandards der Kultusministerkonferenz, Erläuterungen zur Konzeption und Entwicklung. LinkLuchterhand 2005, S. 6.

68) Köller, Olaf 2018, S. 627.

69) Vgl. Bundesministerium für Bildung und Forschung (Hrsg.): Zur Entwicklung nationaler Bildungsstandards -Eine Expertise-. 2003, S. 24-25. Köller, Olaf 2018, S. 627-628.

70) 16の州からなる連邦制国家ドイツの基本法では、「国家的権能の行使および国家的任務の遂行は、基本法に別段の定めがない限り、各州の事項とされている（基本法30条）」。つまり、ごく一部の例外を除き、教育主権は州に属している。これを州の「文化主権（Kulturhoheit）」、「文化自治（Kulturautonomie）」、もしくは「文化連邦主義（Kulturföderalismus）」と呼ばれている（結城忠『ドイツの学校法制と学校法学』信山社、2019年、39ページ参照）。

71) Köller, Olaf 2018, S. 628-629.

72) Köller, Olaf 2018, S. 631.

73) Köller, Olaf 2018, S. 631.

74) Köller, Olaf 2018, S. 632.

75) Vgl. Köller, Olaf 2018.

76) Sekretariat der Ständigen Konferenz der Kultusminister der Länder in der Bundesrepublik Deutschland (Hrsg.): Konzeption der Kultusministerkonferenz zur Nutzung der Bildungsstandards für die Unterrichtsentwicklung. 2010, Carl Link, S. 7-8.

77) Sekretariat der Ständigen Konferenz der Kultusminister 2010, S. 27.

78) Vgl. Bundesministerium für Bildung und Forschung 2003.

79) Vgl. Bundesministerium für Bildung und Forschung 2003, S. 90.

80) 結城忠 2019年、45ページ。結城はLeistungsfähigkeitを「機能」と訳している。ここではLeistungの意味をより汲み取るために、結城訳のこの語を「成果達成機能」と改変した。

81) 結城忠 2019年、45ページ。一部補記・改変した。

82) 結城忠 2019年、45ページ。

83) 結城忠 2019年、45ページ。

84) 結城忠 2019年、45ページ。

85) 山名淳 2017年、113ページ。

86) 山名淳 2017年、109-110ページ。

87) 山名淳 2017年、111-112ページ。

88) Zur Stellung des Schülers in der Schule (Beschluss der KMK vom 25.5.1973).

89）原田信之 2007年、96ページ。

90）Vgl. Sekretariat der Ständigen Konferenz der Kultusminister 2005a, S. 6.

91）Vgl. Staatsinstitut für Schulqualität und Bildungsforschung München 2005, S. 7.

92）Sekretariat der Ständigen Konferenz der Kultusminister der Länder in der Bundesrepublik Deutschland: Gesamtstrategie der Kultusministerkonferenz zum Bildungsmonitoring. LinkLuchterhand 2006.

93）ここでいう総合戦略とは、教育（ビルドゥング）モニタリングシステムを構築するために、①国際的な学力調査に参加し、そのデータを活用すること、②州間比較調査を中心に、教育（ビルドゥング）スタンダードの習熟状況を検証すること、③教育スタンダードと連結させた、州内全域もしくは州を越えたすべての学校の学力を把握するために州内比較調査（Vergleichsarbeit＝ローカルテスト）を実施すること、上記の結果に基づき、④連邦と州とで共通の教育報告書を作成できるようにすることが総合戦略として描かれた（KMK 2006, S. 6）。

94）Stanat, Petra/ Schipolowski, Stefan u.a. (Hrsg.): IQB-Bildungstrend 2018. Mathematische und naturwissenscahaftliche Kompetenzen am Ende der Sekundarstufe I in zweiten Ländervergleich. Waxmann 2019, S. 16.

95）Vgl. Steiner, Peter/ Landwehr, Norbert: TQM - Eine Herausforderung für die Schule. In: Das Q2E-Modell - Schritte zur Schulqualität. h.e.p. verlag 2003, S. 6-13.

96）Stanat, Petra/ Schipolowski, Stefan/ Rjosk, Camilla/ Weirich, Sebastian/ Haag, Nicole (Hrsg.): IQB-Bildungstrend 2016. Waxmann 2017, S. 17.

97）Vgl. IQB-Bildungstrend 2016, S. 17.

98）Bundesministerium für Bildung und Forschung 2003, S. 19.

99）ドミニク・S・ライチェン／ローラ・H・サルガニク 2006年。

100）Weinert, Franz E. (Hrsg.): Leistungsmessung in Schulen. Beltz 2001, S. 27-28.

101）松下佳代 2010年、28ページ。

102）松下佳代 2010年、29ページ。

103）Sekretariat der Ständigen Konferenz der Kultusminister der Länder in der Bundesrepublik Deutschland: Bildungsstandards im Fach Mathematik für den Mittleren Schulabschluss. Beschluss vom 4.12.2003. Luchterhand 2003, S. 11.

104）Pant, Hans Anand/ Stanat, Petra/ Schroeders, Ulrich/ Roppelt, Alexander/ Siegle, Thilo/ Pöhlmann, Claudia (Hrsg.): IQB-Ländervergleich 2012. Waxmann 2013, S. 53.

105）Vgl. IQB-Ländervergleich 2012, S. 54.

106）Richter, Dirk/ Stanat, Petra: Bildungsstandards und Kompetenzorientierung. In: Harring, Marius/ Rohlfs, Carsten/ Gläser-Zikuda, Michaela (Hrsg.): Handbuch Schulpädagogik. Waxmann 2., aktualisierte und erweiterte Auflage 2022, S. 772.

107）Vgl. IQB-Bildungstrend 2018, S. 51.

108）IQB-Ländervergleich 2012, S. 54.

109）IQB-Ländervergleich 2012, S. 54.

110）IQB-Ländervergleich 2012, S. 56. IQB-Bildungstrend 2018, S. 54.

111）IQB-Ländervergleich 2012, S. 57. IQB-Bildungstrend 2018, S. 55.

112）IQB-Ländervergleich 2012, S. 55.

113）Vgl. IQB-Ländervergleich 2012, S. 56.

114）IQB-Ländervergleich 2012, S. 55.

115）Vgl. IQB-Ländervergleich 2012, S. 57.

116）袰岩晶・篠原真子・篠原康正『PISA 調査の解剖』東信堂、2019年、298ページ。

117）袰岩晶他 2019年、298ページ。

118）袰岩晶他 2019年、154ページ。

119）袰岩晶他 2019年、155ページ。

120）袰岩晶他 2019年、155ページ。

121）国立教育政策研究所編『生きるための知識と技能７：OECD 生徒の学習到達度調査（PISA）2018年調査国際結果報告書』明石書店、2019年、６ページ参照。

122）国立教育政策研究所編『生きるための知識と技能５：OECD 生徒の学習到達度調査（PISA）2012年調査国際結果報告書』明石書店、2013年、92ページ参照。

123）国立教育政策研究所編『生きるための知識と技能５：OECD 生徒の学習到達度調査（PISA）2015年調査国際結果報告書』明石書店、2016年、74ページ参照。PISA2018では、読解力の習熟レベルを９段階、数学的リテラシーの習熟レベルを７段階、科学的リテラシーの習熟レベルを８段階に区分している。

124）国立教育政策研究所編 2016年、74ページ参照。

125）国立教育政策研究所編 2016年、76ページ。

126）袰岩晶他 2019年、308ページ。

127）IQB-Bildungstrend 2016, S. 65.

128）IQB-Bildungstrend 2016, S. 69.

129）IQB-Bildungstrend 2016, S. 75.

130）Vgl. IQB-Bildungstrend 2016, S. 92.

131）IQB-Bildungstrend 2016, S. 91.

132）IQB-Bildungstrend 2016, S. 94.

133）Stanat, P., Schipolowski, S., Schneider, R., Sachse, K. A., Weirich, S. & Henschel, S.: Kompetenzen in den Fächern Deutsch und Mathematik am Ende der 4. Jahrgangsstufe: Erste Ergebnisse nach über einem Jahr Schulbetrieb unter Pandemiebedingungen. Berlin: Institut zur Qualitätsentwicklung im Bildungswesen. 2022, S. 10（https://www.iqb.hu-berlin.de/bt/BT2021/Bericht/）.

134）Stanat & Schipolowski u.a. 2022, S. 10.

135）Stanat & Schipolowski u.a. 2022, S. 10.

136）Stanat & Schipolowski u.a. 2022, S. 10.

137）Stanat & Schipolowski u.a. 2022, S. 9.

138）IQB-Bildungstrend 2016, S. 133.

139）IQB-Bildungstrend 2016, S. 135.

140）IQB-Bildungstrend 2016, S. 136.

141）IQB-Bildungstrend 2016, S. 86.

142）Vgl. IQB-Bildungstrend 2016, S. 86.

143）Vgl. IQB-Bildungstrend 2016, S. 87.

144）児童対象質問紙調査の内容は、以下の資料による。IQB: Fragebogen für Schülerinnen und Schüler zum Ländervergleich 2011 in der Primarstufe.

145）親対象質問紙調査の内容は、以下の資料による。IQB: Elternfragebogen zum Ländervergleich 2011 in der Primarstufe.

146）ドイツ語では、Schule mit mehreren Bildungsgängen と表記したうえで、「中等学校（Sekundarschule/ Mittelschule）、標準学校（Regelschule）、コミュニティスクール、市区学校（Stadtteilschule）、地域学校（Regionalschule）、基幹・実科複合学校、拡大実科学校など」を指すとの注釈が付されている。

147）Vgl. IQB-Bildungstrend 2016, S. 100.

148）教師対象質問紙調査の内容は、以下の資料による。IQB: Fragebogen für Lehrkräfte zum Ländervergleich 2011 in der Primarstufe.

149）IQB: Fragebogen für Lehrkräfte zum Ländervergleich 2011 in der Primarstufe の質問項目15より抜粋。

150）IEA による国際読解力調査。

151）Vgl. IQB-Bildungstrend 2016, S. 88.

152) Vgl. IQB-Bildungstrend 2016, S. 100.

153) Vgl. IQB-Bildungstrend 2016, S. 18.

154) Vgl. IQB-Bildungstrend 2016, S. 192.

155) Vgl. IQB-Bildungstrend 2016, S. 205.

156) Vgl. IQB-Bildungstrend 2016, S. 206.

157) Vgl. IQB-Bildungstrend 2016, S. 249.

158) Vgl. IQB-Bildungstrend 2016, S. 259.

159) 本節は、原田信之2018年の一部を加筆・修正した。

160) Vgl. Sekretariat der Ständigen Konferenz der Kultusminister der Länder in der Bundesrepublik Deutschland: Vereinbarung zur Weiterentwicklung der Vergleichsarbeiten（VERA), Beschluss der Kultusministerkonferenz vom 08.03.2012 i.d.F. vom 15.03.2018, S. 4.

161) Vgl. Richter, Dirk: Die Vergelichsarbeiten in Deutschland: Eine Bestandsaufnahme. In: Bundesministerium für Bildung und Forschung（Hrsg.): Bildungsforschung 2020: Zwischen wissenschaftlicher Exzellenz und gesellschaftlicher Verantwortung. 2016, S. 87.

162) Vgl. Richter, Dirk 2016, S. 87.

163) Vgl. Richter, Dirk 2016, S. 87.

164) Vgl. Richter, Dirk 2016, S. 87.

165) Ständige Konferenz der Kultusminister der Länder in der Bundesrepublik Deutschland（KMK): Gesamtstrategie der Kultusministerkonferenz zum Bildungsmonitoring. Wolters Kluwer Deutschland GmbH 2006.

166) オプホフは、KMKが2018年に決議した「比較調査（VERA）のさらなる拡充のための協定」により、データを基盤とした授業開発・学校開発（datenbasierte Unterrichts- und Schulentwicklung）の方針がより一層強調されたと判断している。Vgl. Ophoff, Jana Groß: Vergleichsarbeiten. In: Kiel, Ewald u.a（Hrsg.): Handbuch Unterrichten an allgemeinbildunden Schulen. Verlag Julius Klinkhardt 2019, S. 436.

167) KMK 2018, S. 3.

168) Zentrum für empirische pädagogische Forschung: VERA im Blick. Vertiefende Informationen zu den Vergleichsarbeiten, zur Vorbereitung, zum fairen Vergleich, zur Diagnosegenauigkeit und zur pädagogischen Nutzung. Universität Koblenz-Landau, Campus Landau 2016.

169）QQB: Vergleichsarbeiten 3. Und 8. Jahrgangstufe（VERA-3 und VERA-8）. Didaktische Handreichung Modul A. Allgemeine Erläuterungen zu VERA. S. 1.

170）Landesinstitut für Schulentwicklung（Hrsg.）: Vergleichsarbeiten VERA, Umgang mit den Ergebnissen im Rahmen der Selbstevaluation der Schule. 2013, S. 3.

171）Oelkers, Jürgen/ Reusser, Kurt: Expertise: Qualität entwickeln - Standards sichern - mit Differenz umgehen. BMBF 2008, S. 45.

172）北野秋男「『ハイステイクス・テスト』に接近する日本の学力テスト政策―学力テスト政策の現状と課題―」、『教育学雑誌』第55号、2019年参照。

173）北野秋男『日米のテスト戦略―ハイステイクス・テスト導入の経緯と実態―』風間書房、2011年、ｉページ。

174）北野秋男 2019年、21ページ参照。末藤美津子「アメリカにおける学力向上をめざした教育政策の課題」、『東京未来大学研究紀要』第５号、2012年、41ページ。

175）北野秋男 2011年、148-149ページ。

176）北野秋男 2011年、149ページ。北野は、R. F. エルモアの主張にしたがい、「基準に基づく改革」ではなく「達成に基づく改革（Performance-based Reform）」であることを支持し、「子どもたちの学習を改善すること」が教育の目的だとして、その目的を実現するために、その達成に基づく改革として、教育実践の在り方、教師と児童の関係、教師集団のあり方、学校と教育行政のあり方を変えるべきだとする（同参照）。

177）Bundesministerium für Bildung und Forschung 2003, S. 144. クリーメ鑑定書では、アメリカにおけるハイステイクス・アセスメントへの注意喚起を以下のように説明し、ドイツが取るべき立場を鮮明にしている。「教育スタンダートは、カリキュラム全体をカバーするものではなく、学習の中心的な領域におけるコアの部分のみカバーすることを公言している。そして、卒業判定と授与は、それなりの理由があるにせよ、教師が専門的な基準に従って、しかし、教育上の責任において、多様な角度からバランスよく見て独自に行わなければならない、教師自身が決定すべき対象である。どちらの論点も、教育スタンダードを等級付けや認定、選考の判断基準として悪用しないことを物語っている。（改行）このように制限をかけることは、スタンダードに基づくテストが登場したときに、特に重要になる。アメリカにおけるハイステイクス・アセスメント（high stakes assessment）の先行経験は、中央集権的なテストを学校における個々の判断に悪用することの弊害を浮き彫りにした。これは、複雑な思考や問題解決、創造性を発揮する余地

のある知的なテストでは非常に有益であるが、質の悪いテストでは致命的な結果を招く可能性がある。」（同 S. 48-49）

178）KMK 2018, S. 3.

179）Vgl. Ophoff, Janes Groß 2019, S. 436.

180）Zentrum für empirische pädagogische Forschung 2016, S. 10.

181）KMK 2018, S. 3.

182）Landesinstitut für Schulentwicklung（Hrsg.）, 2013, S. 3.

183）田村知子編著『実践・カリキュラム・マネジメント』ぎょうせい、5-7ページ参照。

184）「コンピテンシー構築志向型カリキュラムと汎用的コンピテンシー」（拙著『ドイツの協同学習と汎用的能力の育成』あいり出版、2016年、47-89ページ）を参照いただきたい。

185）教員に保障された権利としての教育上の自由について、結城は「『自由』とは言っても、義務性を濃厚に帯びた『義務に拘束された自由』たることを本質的な属性としている」のであり、「教員がその職務を、責任をもって遂行し、学校がその教育責務を履行できるように、学校・教員職務法制上の要請にもとづいて保障されているものである」と説明している（結城忠『教育の自治・分権と学校法制』東信堂、2009年、153ページ、引用文中のドイツ語は略した）。

186）Landesinstitut für Schulentwicklung（Hrsg.）: Umgang mit den Ergebnissen im Rahmen Selbstevaluation der Schule, Diagnosearbeiten „VERA“. Stuttgart 2010, S. 4.

187）本節は、原田信之2018年の一部を加筆・修正したものである。

188）Landesinstitut für Schulentwicklung（Hrsg.）: Vergleichsarbeiten VERA, Umgang mit den Ergebnissen im Rahmen der Selbstevaluation der Schule, 2013, S. 3.

189）Vgl. Ministerium für Kultus, Jugend und Sport Baden-Württemberg in Zusammenarbeit mit dem Landesinstitut für Schulentwicklung（Hrsg.）: Orientierungsrahmen zur Schulqualität für allgemeinbildende Schulen in Baden-Württemberg. 2007, S. 14.

190）Ministerium für Kultus, Jugend und Sport Baden-Württemberg 2007, S. 15-16.

191）Ministerium für Kultus, Jugend und Sport Baden-Württemberg 2007, S. 15.

192）Landesinstitut für Schulentwicklung（Hrsg.）, 2013, S. 4.

193）中條宗助編著『ドイツ語類語辞典新装版』三修社、2006年、764ページ。

194）Landesinstitut für Schulentwicklung (Hrsg.), 2013, S. 6.

195）Landesinstitut für Schulentwicklung (Hrsg.), 2013, S. 6.

196）参照：https://www.brainpad.co.jp/rtoaster/blog/detail2/（最終アクセス2022年10月31日）。

197）コブレンツ・ランダウ大学実証的教育研究センターから提供されたデータサンプルは、以下のものである。Zentrum für Empirische Pädagogische Forschung Universität Koblenz-Landau (ZEPF): VERA8 Vergleichsarbeiten in der achten Jahrgangsstufe, Lerngruppenbezogene Rückmeldung der Testergebnisse 2017, Lerngruppe 8a_M1. VERAのデータサンプルについては、以下、この資料に基づく。この資料の訳出にあたり、宇都宮明子氏（島根大学）に協力をいただいた。

198）ZEPF, S. 3.

199）ZEPF, S. 8.

200）Obhoff 2019, S. 438.

201）ZEPF, S. 8-9.

202）ZEPF, S. 4.

203）「発達の最近接領域とは、自主的に解決される問題によって、規定される現下の発達水準と、大人に指導されたり、自分よりも知的な仲間との協同のなかで解決される問題によって規定される可能的発達水準との間の隔たり」であり、「ある年齢のある段階で発達の最近接領域にあるものは、次の段階で現下の発達水準に移行し、実現するということを明瞭に示している。」（柴田義松編著『ヴィゴツキー心理学事典』新読書社、2007年、210-211ページ）。

204）ZEPF, S. 5-6.

205）ZEPF, S. 7.

206）本節は、最新の州教育研究所の資料に基づき、原田信之 2018年を加筆・修正した。

207）Landesinstitut für Schulentwicklung (Hrsg.), 2013, S. 6.

208）Land Baden-Württemberg vertreten durch das Institut für Bildungsanalysen (IBBW) (Hrsg.): Vergeleichsarbeiten VERA 3, Nutzung der Ergebnisse im Rahmen der Qualitätssicherung in Schulen. 2019, S. 5.

209）Land Baden-Württemberg 2019, S. 6.

210）Land Baden-Württemberg 2019, S. 6.

211）Land Baden-Württemberg 2019, S. 7.

212）Kompetenzstufenmodell zu den Bildungsstandards für das Fach Deutsch im

Kompetenzbereich „Sprechen und Zuhören“ - Primarbereich - Beschluss der Kultusministerkonferenz（KMK）vom 04.03.2010 Auf Grundlage des Ländervergleichs 2011 überarbeiteter Entwurf in der Version vom 13. Februar 2013; www.iqb.hu-berlin.de/bista/ksm.

213）Land Baden-Württemberg 2019, S. 8.

214）Land Baden-Württemberg 2019, S. 9.

215）Land Baden-Württemberg 2019, S. 4.

216）Land Baden-Württemberg 2019, S. 10.

217）Vgl. Brühlmann, Jörg/ Hameyer, Uwe: Mit Daten zu Taten - Wenn Schulen Wissen nutzen. In: Journal für Schulentwicklung 17. Jahrgang 2011. Beywl, Wolfgang: Mit Daten zu Taten - Der Ansatz der Unterrichtsintegrierten Selbstevaluation. In: Journal für Schulentwicklung 17. Jahrgang 2013.

218）ジョン・ハッティ著、原田信之訳者代表『学習に何が最も効果的か』あいり出版、2017年、ⅰ-ⅳページ参照。

219）Bildungsplanは「教育計画」と訳す方が順当であるが、本稿では「ビルドゥング計画」とした。Bildungは、『小学館独和大辞典第２版』では人間形成、教育、教養、形成、形態を、『フロイデ独和辞典』では形づくること、形成、造形、形づくられる（生じる）こと、発生、形づくられたもの、形、姿、形状、人格（自己）形成、教育、教養、学識の訳語が用意されている。教育学において、かつては「陶冶」の訳語が用いられていた。このBildungの一語をもって、目下のドイツで進行中の教育改革の趨勢を批判するには、相当の理論武装を準備しない限りは、空理に等しく、困難を極めるだろう。1970年代以降、ドイツ連邦共和国の各州の学習指導要領において、Bildungの用語は、学習指導要領の表題に組み込まれていることもあるし、Erziehung（教育・しつけ・訓育）と併置しない限りは、日本語の「教育」という語に匹敵するほどの汎用性をもって使用されており、仮に、フンボルト的なBildung概念に立ち返るとしても、新人文主義のBildung概念に差し向けられた批判に対する弁証法的な解決の論理を展開する必要があるだろうし、カントの陶冶可能性概念に対する「跳躍」の問題も等閑に付すことができない。そのため、ドイツの学習指導要領において、Bildung概念がいかに広く一般化して使用されているかを確認するため、その試みとして、「ビルドゥング」、または、「人間形成」の訳語を用いることにした。

なお、2016年版基礎学校ビルドゥング計画は、2016/17年度（2016年８月１日）に基礎学校第１・２学年に対し、2017/18年度に同第３学年に対し、2018/19年度に第４学年に対し導入された。基礎学校における全面実施は2018年８月１日からである。

220）事実教授とは、基礎学校の第１学年から第４学年まで学習する教科であり、その特徴は、「子どもたちが現実の生活の中で直面する様々な事実、現象や問題について、経験することのできる範囲に存在する身近な社会、自然・技術の素材を対象に、自ら考え解決する過程を通して、個人生活や社会生活に不可欠な能力や態度を形成し、科学的認識や合理的思考力を総合的に高めていくことを目指した統合教科である。」（原田 2010年、１ページ）。

221）松下佳代 2010年、５ページ。

222）松下佳代 2010年、28ページ。

223）松下佳代 2010年、５ページ。

224）松下佳代 2010年、29-30ページ。ここではコンピテンシー・マネジメント論の脱文脈的なアプローチとして説明されている。

225）松下佳代 2010年、28ページ。

226）松下佳代 2010年、29ページ。

227）Ministerium für Kultus, Jugend und Sport Baden-Württemberg（Hrsg.）: Bildungsplan 2004 Grundschule. 原田信之「諸教科統合型の『ヘンティッヒ・カリキュラム』に関する研究〜バーデン・ヴュルテンベルク州基礎学校学習指導要領（2004年版）におけるカリキュラム構成とコンピテンシー・ファクター〜」（『岐阜大学教育学部研究報告：人文科学』第54巻第２号、2006年、91-105ページ）を参照せよ。

228）KMK は、ドイツ各州常設文部大臣会議（Kultusministerkonferenz）の略。KMK スタンダードに関しては、原田信之 2007年、93-99ページに詳しい説明がある。

229）Pant, Hans Anand: Einführung in den Bildungsplan 2016. In: Ministerium für Kultus, Jugend und Sport Baden-Württemberg（Hrsg.）: Bildungsplan 2016, Lehrkräftebegleitheft. Necker-Verlag 2016, S. 4.

230）Vgl. Pant, Hans Anand 2016, S. 4.

231）フンボルト大学に附設された教育制度におけるクオリティ開発研究所（IQB）元所長、2022年10月よりライプニッツ研究所（IPN）所長。

232）Vgl. Pant, Hans Anand 2016, S. 4.

233）Pant, Hans Anand 2016, S. 4.

234）Ministerium für Kultus, Jugend und Sport Baden-Württemberg（Hrsg.）:

Bildungsplan 2016, Sachunterricht. Amtsblatt des Ministeriums für Kultus, Jugend und Sport Baden-Württemberg, Ausgabe C: Bildungsplanheft. Necker-Verlag 2016（letzter Aufruf: 10. Nov. 2020: http://www.bildungsplaene-bw.de/,Lde/LS/BP2016BW/ ALLG/GS/SU).

235）Gesellschaft für Didaktik des Sachunterrichts（GDSU）: Perspektivrahmen Sachunterricht. Klinkhardt 2002. Gesellschaft für Didaktik des Sachunterrichts（GDSU）: Perspektivrahmen Sachunterricht. Vollständig überarbeitete und erweiterte Ausgabe. Klinkhardt 2013. ドイツ事実教授学会が作成した学会版スタンダードの2002年版については、原田信之「ドイツ初等教育の統合教科『事実教授』のスタンダード」（『岐阜大学教育学研究報告　教育実践研究』第 8 巻、2006年、149-162ページ）を、2013年改訂版については、同「ドイツ初等教育の統合教科『事実教授』の新しいスタンダード～2013年改訂学会版スタンダード～」（『人間文化研究』第20号、2014a 年、67-82ページ）及び同「ドイツの統合教科『事実教授』の新スタンダード～初等教育段階の歴史学習に着目して～」（『人間文化研究』第20号、2014b 年、47-65ページ）を参照のこと。

236）Pant, Hans Anand 2016, S. 4.

237）ハインリッヒ・ロート（平野正久訳）『発達教育学』明治図書、1976年、223ページを参照。本文参照箇所は原著書に照らして筆者が訳出し直した。ドイツにおけるコンピテンシー構造モデルの原型がロートにあることは、原田信之「事実教授のカリキュラムとその編成構造に関する研究」（『岐阜大学教育学部研究報告　実践研究』第 6 巻、2004年、198-200ページ）で指摘した。

238）原田信之 2010a 年、132ページを参照のこと。

239）Pant, Hans Anand 2016, S. 10.

240）Vgl. Pant, Hans Anand 2016, S. 10.

241）Pant, Hans Anand 2016, S. 13.

242）Pant, Hans Anand 2016, S. 10.

243）Ministerium für Kultus, Jugend und Sport Baden-Württemberg 2016, S. 6.

244）Ministerium für Kultus, Jugend und Sport Baden-Württemberg 2016, S. 6.

245）Ministerium für Kultus, Jugend und Sport Baden-Württemberg 2016, S. 6.

246）Ministerium für Kultus, Jugend und Sport Baden-Württemberg 2016, S. 6.

247）Ministerium für Kultus, Jugend und Sport Baden-Württemberg 2016, S. 6.
事実教授のビルドゥング計画の冒頭でも、「ここで提示するビルドゥング計画は、事実教授学の展望の枠組み（事実教授学会：GDSU 2013）にしたがっている」

（Ministerium für Kultus, Jugend und Sport Baden-Württemberg 2016, S. 3）と明記されている。

248）原田信之 2014a 年、69ページ参照。

249）Ministerium für Kultus, Jugend und Sport Baden-Württemberg 2016, S. 6.

250）Ministerium für Kultus, Jugend und Sport Baden-Württemberg 2016, S. 6.

251）Ministerium für Kultus, Jugend und Sport Baden-Württemberg 2016, S. 5.

252）Pant, Hans Anand 2016, S. 10.

253）Ministerium für Kultus, Jugend und Sport Baden-Württemberg 2016, S. 6-7.

254）原田信之 2010a 年、333ページ参照。

255）実質陶冶とは「教材の実質的・内容的価値に着目して、具体的・個別的な知識や技能それ自体の習得を主目的とする」ものであり、形式陶冶とは「一定の教材の学習を通して、いわばそれを　手段としての形式的・一般的諸能力（記憶力、推理力、思考力）の育成や練磨を主目的とする」ものである（小笠原道雄「形式陶冶、実質陶冶」、『新教育学大辞典第３巻』第一法規出版、1990年、15ページ参照）。

256）Vgl. Ministerium für Kultus, Jugend und Sport Baden-Württemberg 2016, S. 28.

257）就学前教育（幼稚園・保育施設）に対しては、「ビルドゥング（Bildung）計画」とせず、以下のように「オリエンテーション（Orientierung）プラン」としている。Orientierungsplan für Bildung und Erziehung in baden-württembergischen Kindergärten und weiteren Kindertageseinrichtungen. Herder 2011.

258）Ministerium für Kultus, Jugend und Sport Baden-Württemberg 2016, S. 26.

259）吉本均『ドラマとしての授業の成立』明治図書、1982年、186ページ。

260）吉本均「授業における『ゆさぶり』」（『授業をつくる教授学キーワード』明治図書、1986年）、180-183ページ参照。

261）Pant, Hans Anand 2016, S. 20.

262）Ministerium für Kultus, Jugend und Sport Baden-Württemberg 2016, S. 28.
日本では、『５歳からの哲学』や『自信を持てる子が育つ子ども哲学』、『子ども哲学ハンドブック』等、近年、子ども哲学が着目されている。事実教授学においては、1990年代半ばから哲学する子どもの理論と実践が構築されてきた。文献の一例として、① Schreier, Helmut: Über das Philosophieren mit Geschichten für Kinder und Jugendliche. Agentur Dieck 1993、② Martens, Ekkehard & Schreier, Helmut（Hrsg.）: Philosophieren mit Schulkindern. Agentur Dieck 1994、③

Schreier, Helmut（Hrsg.）: Mit Kindern über Natur philosophieren. Agentur Dieck 1997を挙げることができる。

263）Ministerium für Kultus, Jugend und Sport Baden-Württemberg 2016, S. 29.

264）Ministerium für Kultus, Jugend und Sport Baden-Württemberg 2016, S. 29.

265）Ministerium für Kultus, Jugend und Sport Baden-Württemberg 2016, S. 52.

266）Ministerium für Kultus, Jugend und Sport Baden-Württemberg 2016, S. 52.

267）BW 州2016年版基礎学校ビルドゥング計画では、州の学習指導要領の多くで使用されてきた自己コンピテンシーや社会コンピテンシーの能力概念それ自体は、教科「動作・遊び・スポーツ」（中等教育段階Ⅰでは教科「スポーツ」）で限定的に取り上げられている。その際の自己コンピテンシー（Personalkompetenz）とは、①自分自身と自身の身体を知覚し、自身を受け入れたり責任を自覚して対処したりすること（自己責任、自己評価、自尊心）、②体力トレーニングを通して身体的な反応や体の変化を知り、言葉で表現すること、③身体的な耐久力や持久力を伸ばす。④実行機能（作業記憶［ワーキングメモリ］、行動制御、認知的柔軟性）の促進を通して、自己操作能力を強化したり伸ばしたりすること、⑤不安を断ち切り、ためらいを振り切り、自信をもって身体能力・技能を伸ばすこと、⑥自己の身体表現能力を用いること、⑦身に付けた一連の動きをプレゼンテーションすること、⑧教科「動作、遊び、スポーツ」を領域として体験し、練習や成功体験を通して達成すること（人格形成や自己有用性）、である。社会コンピテンシー（Sozialkompetenz）とは、①動作、遊び、スポーツの中で、感情移入したり気配りしたりしながら行動したり、他者を助けたり支えたりすること、②他者と共に運動課題に取り組んだり実行したりすること、③事実に基づいて話をしたり、争いを知覚したり、状況に応じて争いを解決したりすること、④動作、遊び、スポーツの中で、取り決めたことやルール、慣例を合意したり受け入れたり守ったりすること、⑤競争の状況にあったとしても、成功も失敗も一喜一憂することなく対処すること、⑥自然の中で遊びやスポーツを行う時には、責任や環境を意識して行動すること、⑦注意して器具、物、運動空間を扱うことである（Ministerium für Kultus, Jugend und Sport Baden-Württemberg（Hrsg.）: Bildungsplan 2016, Bewegung, Spiel und Sport. Amtsblatt des Ministeriums für Kultus, Jugend und Sport Baden-Württemberg, Ausgabe C: Bildungsplanheft. Necker-Verlag 2016（letzter Aufruf: 10. Nov. 2020: http://www.bildungsplaene-bw.de/site/bildungsplan /get/documents/lsbw/export-pdf/depot-pdf/ALLG/BP2016BW_ALLG_GS_ BSS.pdf）。

268）原田信之「事実教授カリキュラムとコンピテンシーの育成―諸州共同版学習指導要領（2004年）の検討―」、『岐阜大学教育学部研究報告人文科学』2007年、182-183ページ。

269）原田信之・宇都宮明子『ドイツの幼児教育カリキュラム』（平成28年度名古屋市立大学特別研究奨励費研究成果報告書、全101頁、2017年）、同『ドイツの就学前・初等教育プログラム』（平成29年度名古屋市立大学特別研究奨励費研究成果報告書、全115頁、2018年）、同『社会的な見方・考え方の基礎を育成するドイツの幼児・初等教育カリキュラム』（平成30度名古屋市立大学特別研究奨励費研究成果報告書、全100頁、2019年）参照。

270）Thüringer Ministerium für Bildung, Wissenschaft und Kultur (Hrsg.): Thüringer Bildungsplan für Kinder bis 10 Jahre. verlag das netz 2008.

271）Thüringer Ministerium für Bildung, Jugend und Sport (Hrsg.): Thüringer Bildungsplan für Kinder bis 18 Jahre. 2015.

272）Thüringer Ministerium für Bildung, Jugend und Sport (Hrsg.): Thüringer Bildungsplan für Kinder bis 18 Jahre. verlag das netz 2019.

273）原田信之「ドイツ初等教育『事実教授』における統合教科特有のコンピテンシーとその連関性の可視化―バーデン・ヴュルテンベルク州ビルドゥング計画を対象に―」、『人間文化研究』第35号、85-104ページ、2021年。同「ドイツの統合教科『事実教授』のカリキュラムとコンピテンシー～ハンブルク州2010年版基礎学校学習指導要領の検討～」、『岐阜大学教育学部研究報告人文科学』第59巻第1号、269-282ページ、2010b 等。

274）OECD（池迫浩子、宮本晃司、ベネッセ教育総合研究所訳）『家庭、学校、地域社会における社会情動スキルの育成』ベネッセ総合研究所、2015年、7ページ。

275）Cunha, F. & J, Heckman: The technology of skill formation. In: American Economic Review, Vol. 97, No. 2, pp. 31-47.

276）経済協力開発機構（OECD）編著（無藤隆、秋田喜代美監訳）『社会情動的スキル』明石書店、2018年、51ページ。

277）OECD 2015年、13ページ。また、上記『社会情動的スキル』では、「認知的スキルと社会情動的スキルは相互に作用し合って、子どもがプラスの成果を達成する力をもたらす」（98ページ）とし、同「あとがき」でも「社会情動的スキルは認知的スキルとの相補的関係の中で累積的に育つものであり、いわゆる対人関係スキルだけではなく、あきらめずにやり遂げる力や忍耐強さなどの課題遂行への意欲に関わる側面もこのスキルには含まれている」（219ページ）とまとめられている。

278）経済協力開発機構（OECD）、2018年、52ページ。

279）OECD 2015年、13-14ページ。

280）OECD 2015年、25-30ページ。同ワーキングペーパーにおいて、「協働型問題解決の導入など、既存の主要科目を通して子どもの社会情動的スキルを強化するよう設計された教授法」（31ページ）の重要性は指摘されている。

281）文部科学省初等中等教育局教育課程課教育課程企画室「教育とスキルの未来：Education 2030【仮訳（案）】」、『中等教育資料』2018年5月号、94ページ参照。

282）OECD: Future of Education and Skills 2030, Conceptual learning framework, LEARNING COMPASS 2030（OECD_Learning_Compass_2030_concept_note.pdf：最終アクセス2021年5月10日）. ラーニングコンパスについては、白井俊『OECD Education2030プロジェクトが描く教育の未来』ミネルヴァ書房、2020年も参照した。

283）文部科学省初等中等教育局教育課程課教育課程企画室、2018年、95ページ。

284）白井俊 2020年、80ページ参照。

285）白井俊 2020年、79ページ参照。

286）白井俊 2020年、80ページ。

287）白井俊 2020年、80ページ。

288）文部科学省初等中等教育局教育課程課教育課程企画室、2018年、95ページ。

289）白井俊 2020年、82ページ参照。

290）文部科学省初等中等教育局教育課程課教育課程企画室、2018年、95ページ。

291）白井俊 2020年、93ページ。

292）経済協力開発機構（OECD）、2018年、204-205ページ。

293）松下佳代 2010年、29ページ。

294）松下佳代 2010年、29ページ。

295）Thüringer Ministerium 2019, S. 10より、各項目の説明文を省いて引用した。

296）Thüringer Ministerium 2019, S. 10.

297）Vgl. Krüger, Heinz-Hermann: Erziehungs- und Bildungswissenschaft als Wissenschaftsdisziplin. Verlag Barbara Budrich 2019, S. 15-17.

298）Krüger 2019, S. 15.

299）Krüger 2019, S. 16.

300）Krüger 2019, S. 16.

301）Krüger 2019, S. 16.

302）Krüger 2019, S. 16.

303）Thüringer Ministerium 2019, S. 10.

304）Thüringer Ministerium 2019, S. 13.

305）Thüringer Ministerium 2019, S. 11.

306）Thüringer Ministerium 2019, S. 11.

307）Thüringer Ministerium 2019, S. 11.

308）Vgl. Thüringer Ministerium 2019, S. 12.

309）Vgl. Thüringer Ministerium 2019, S. 12.

310）Vgl. Thüringer Ministerium 2019, S. 12.

311）Vgl. Thüringer Ministerium 2019, S. 12.

312）Thüringer Ministerium 2019, S. 13.

313）チューリンゲン州ビルドゥング計画で示された行為能力は、これまでドイツ諸州におけるコンピテンシー構造モデルの上位概念または中核概念として定められてきたものであるその例として、レーマン／ニーケ型コンピテンシー・モデル、SINUS-T 型コンピテンシー・モデル、ブレーメン型コンピテンシーが挙げられる（原田信之、2010 b 年、272ページ参照)。

314）Thüringer Ministerium 2019, S. 13.

315）Thüringer Ministerium 2019, S. 13.

316）Thüringer Ministerium 2019, S. 13.

317）Thüringer Ministerium 2019, S. 13.

318）Thüringer Ministeriu 2019, S. 45.
チューリンゲン州レアプランにおける説明と照合すると、2019年版第三次ビルドゥング計画で示されたこの自己コンピテンシーの説明には疑問が残る。

319）Thüringer Ministerium für Bildung, Wissenschaft und Kultur: Leitgedanken zu den Thüringer Lehrplänen für die Grundschule und für die Förderschule mit dem Bildungsgang der Grundschule. 2010. チューリンゲン州レアプランの取り扱いについては、原田信之「コンピテンシー構築志向のカリキュラムードイツ・チューリンゲン州基礎学校2010年版学習指導要領―」(『岐阜大学教育学部研究報告人文科学』第61巻第1号、2012年）でも取り上げられている。

320）Vgl. Thüringer Ministerium 2010, S. 5-7.

321）Vgl. Thüringer Ministerium 2010, S. 5-6.

322）ビルドゥングを構成する 3 次元の説明については、Thüringer Ministerium 2019, S. 17を参照。

323）Thüringer Ministerium 2008, S. 21.

324）Thüringer Ministerium 2019, S. 18. 2015年版と2019年版とでは、文言の部分的な違いがあるが、枠組み・趣旨においてほぼ同じ内容になっている。

325）Thüringer Ministerium 2019, S. 48.

326）松下佳代 2010年、28-29ページ。

327）註277参照。

328）原田信之「ドイツ初等教育『事実教授』における統合教科固有のコンピテンシーと連関性の可視化―バーデン・ヴュルテンベルク州ビルドゥング計画を対象に―」、『人間文化研究』第35号、2021年、85-104ページ参照。

【著者紹介】

原田信之（はらだ・のぶゆき）

〔現職〕
名古屋市立大学大学院人間文化研究科　教授（博士・教育学）
日本学校教育学会会長、日本協同教育学会理事
〔研究滞在〕
ドイツ学術交流会（DAAD）客員研究員（エッセン総合大学、ヒルデスハイム大学）、オルデンブルク大学招聘客員教授、ハレ大学招聘客員教授を歴任
〔主要著訳書〕
『学校教育を深める・究める』（編集代表）三恵社　2022年
Handbuch Didaktik des Sachunterrichts（分担）Verlag Julius Klinkhardt 2022
『教育効果を可視化する学習科学』（訳者代表）北大路書房　2020年
『カリキュラム・マネジメントと授業の質保証』（編著）北大路書房　2018年
『学習に何が最も効果的か』ジョン・ハッティ著（訳者代表）あいり出版　2017年
『ドイツの協同学習と汎用的能力の育成』あいり出版　2016年（日本学校教育学会賞受賞）
『ドイツの統合教科カリキュラム改革』ミネルヴァ書房　2010年
『リニューアル総合的な学習の時間』（共編著）北大路書房　2009年
Unterrichten professionalisieren（分担）Cornelsen Verlag Scriptor 2009
『総合的な学習の時間』（編著）ぎょうせい　2008年
『確かな学力と豊かな学力』（編著）ミネルヴァ書房　2007年
Sachunterricht in Praxis und Forschung（分担）Klinkhardt 2005
『教育方法・技術と実践理念』（編訳）北大路書房　2004年
Grundschule: Sich Lernen leisten（分担）Luchterhand 2000
『子どもが生きている授業』（共編著）北大路書房　1994年　他多数

名古屋市立大学人間文化研究叢書10

ドイツの学力調査と授業のクオリティマネジメント
―格差是正のフィードバックシステムの解明―

2023年3月25日　初版第1刷発行

著　者　原　田　信　之

発行者　風　間　敬　子

発行所　株式会社 風　間　書　房

〒101-0051　東京都千代田区神田神保町 1-34
電話 03(3291)5729　FAX 03(3291)5757
振替 00110-5-1853

印刷　太平印刷社　　製本　井上製本所

NDC 分類：370

ISBN978-4-7599-2467-1　Printed in Japan

人間文化研究叢書の創刊にあたって

名古屋市立大学大学院人間文化研究科長
人文社会学部長　藤田栄史

名古屋市立大学人文社会学部は、「人間・社会・文化のあり方を学際的な視点から問い直し、ウエルビーイング（豊かで人間らしい生き方）を可能にする社会の実現への貢献を目標とし」1996年に設立された。また、学部完成後、大学院人間文化研究科を開設し、2005年には人間文化研究所も設立して、ウエルビーイングを可能にする人間・社会・文化のあり方について、研究・教育の成果を蓄積してきた。

こうした蓄積を研究科・学部として大学外へ意識的に発信する一つのルートを設けるため、人間文化研究叢書を創刊することになった。同研究叢書の刊行の狙いは、第一に、重要な学術的な意義を有する専門的研究成果を公表し、第二に、市民や社会の必要に応える公共知の一端を担う研究成果を、市民・社会に発信すること、第三に、こうした発信の機会を保証することで、互いに刺激し合いながら、われわれの研究活動をさらに活性化することにある。

名古屋市立大学開学60周年、人文社会学部設立15周年である2010年度にくしくも、人間文化研究叢書を創刊することができた。現在、自然環境面での持続可能性が課題になっているだけでなく、社会の「自壊」、「無縁社会」化が指摘され、社会の持続可能性が問われている。私たちは、学部設立の理念「ウエルビーイング」を基礎に置き、さらには、「持続可能な地域社会と地球社会をつくる教育」（Education for Sustainable Development）の推進拠点という学部の新たな発展目標も打ち出そうとしている。人間文化研究叢書の発刊が、市民や社会との対話を通じて、こうした理念や目標の実現に寄与することができるよう、最善を尽くしていきたい。

2011年３月